Theologische Studien

Neue Folge

T V Z

Theologische Studien

Neue Folge

herausgegeben von
Thomas Schlag, Reiner Anselm,
Jörg Frey, Philipp Stoellger

Die Theologischen Studien, Neue Folge, stellen aktuelle öffentlichkeits- und gesellschaftsrelevante Themen auf dem Stand der gegenwärtigen theologischen Fachdebatte profiliert dar. Dazu nehmen führende Vertreterinnen und Vertreter der unterschiedlichen Disziplinen – von der Exegese über die Kirchengeschichte bis hin zu Systematischer und Praktischer Theologie – die Erkenntnisse ihrer Disziplin auf und beziehen sie auf eine spezifische, gegenwartsbezogene Fragestellung. Ziel ist es, einer theologisch interessierten Leserschaft auf anspruchsvollem und zugleich verständlichem Niveau den Beitrag aktueller Fachwissenschaft zur theologischen Gegenwartsdeutung vor Augen zu führen.

Theologische Studien

NF 10 – 2015

Stefan Grotefeld

——

Verantwortung von Unternehmen

Überlegungen in theologisch-ethischer
Absicht

T V Z
Theologischer Verlag Zürich

Gedruckt mit freundlicher Unterstützung der Ulrich Neuenschwander-Stiftung

Bibliografische Informationen der Deutschen Nationalbibliothek

Die Deutsche Nationalbibliothek verzeichnet diese Publikation in der Deutschen Natio-
nalbibliografie; detaillierte bibliografische Daten sind im Internet über http://dnb.d-nb.de
abrufbar.

Umschlaggestaltung: Simone Ackermann, Zürich

Druck: ROSCH-BUCH GmbH, Schesslitz

ISBN 978-3-290-17810-9

© 2015 Theologischer Verlag Zürich

www.tvz-verlag.ch

Inhaltsverzeichnis

Vorwort

Als ich mich vor sieben Jahren eingehender mit Fragen der Wirtschaftsethik zu beschäftigen begann, erschien die «Unternehmer-Denkschrift» der Evangelischen Kirche in Deutschland (EKD). Sie stiess damals vor dem Hintergrund der Finanz- und Wirtschaftskrise zum Teil auf heftige Kritik. Mir erschien diese Kritik zwar überzogen, doch gleichzeitig irritierte mich, wie wenig in der Denkschrift von Dingen die Rede war, die in der allgemeinen Unternehmensethik diskutiert wurden. Dass Fragen der Unternehmensethik innerhalb der theologischen Wirtschaftsethik generell auf eher geringes Interesse stiessen, wurde mir schon bald klar.

Die vorliegende Studie ist aus dem Bestreben heraus entstanden, mir selbst grössere Klarheit über konzeptionelle Grundlagen der Unternehmensethik zu verschaffen. Ursprünglich hatte ich vor, mich darüber hinaus noch mit konkreten Problemen, wie z. B. dem der Verantwortung von Unternehmen entlang ihrer Zuliefererkette, zu beschäftigen. Dazu ist es aus Zeit- und Platzgründen leider nicht gekommen. Dennoch hoffe ich, dass diese Studie dazu beiträgt, dass die Unternehmensethik innerhalb der theologischen Ethik in Zukunft stärkere Beachtung findet.

Danken möchte ich Frau Bigna Hauser vom TVZ-Verlag für ihre sorgfältige Überprüfung und meiner Kollegin Dr. Jeannette Behringer für ihre kritische Kommentierung des Manuskripts. Dass die Herausgeber der «Theologischen Studien» früh ihre Bereitschaft signalisiert haben, meinen Text in ihre Reihe aufzunehmen, hat mich gefreut und angespornt. Um so mehr bin ich ihnen und der Leiterin des TVZ-Verlages, Frau Lisa Briner, zu Dank für ihr Verständnis dafür verpflichtet, dass sich der Abschluss des Manuskriptes aufgrund beruflicher Verpflichtungen verzögert hat.

Stefan Grotefeld
Zürich, im Januar 2015

1. Einleitung

Von der Verantwortung von Unternehmen ist heute viel die Rede. Auf der einen Seite beklagen Nichtregierungsorganisationen wie Greenpeace, die Erklärung von Bern, das Tax Justice Network oder Transparency International immer wieder lautstark die fehlende oder mangelnde Verantwortung von Unternehmen. Im Fokus ihrer Kritik stehen vor allem grosse, international operierende Konzerne, die sie für Umweltschäden, Menschenrechtsverletzungen, schlechte Arbeitsbedingungen, niedrige Löhne, Korruption, systematische Steuervermeidung auf Kosten armer Länder und andere moralisch fragwürdige Praktiken verantwortlich machen. Die Unternehmen ihrerseits verweisen demgegenüber auf ihr gesellschaftliches Engagement, sprechen nicht nur von *Corporate Philanthropy*, sondern auch von ihrem Einsatz für *Corporate Social Responsibility* (CSR), *Corporate Citizenship* (CC) oder von ihrem Bestreben, *Shared Values* zu schaffen, Werte also, die der Gesellschaft ebenso zugute kommen wie dem Unternehmen.[1] Dementsprechend hat die Zahl der Unternehmen, die über ihre Tätigkeit im CSR-Bereich Bericht erstatten, in den vergangenen Jahren beständig zugenommen. Einer im Jahr 2013 veröffentlichten Studie der Rechnungsprüfungsgesellschaft KPMG zufolge haben 93 % der 250 weltweit grössten Unternehmen und immerhin 71 % der einhundert grössten Unternehmen aus 34 Ländern einen solchen Bericht veröffentlicht.[2] Vorreiter auf diesem Gebiet sind die grössten Unternehmen nicht zuletzt deshalb, weil sie es sind, die am stärksten im Visier der Öffentlichkeit stehen und die besonders auf ihre Reputation achten müssen.[3]

Auch wenn sich Nichtregierungsorganisationen und Wirtschaft darüber streiten mögen, ob Unternehmen ihre moralische Verantwortung auf angemessene Weise wahrnehmen, scheinen sich beide Seiten immerhin darin einig zu sein, dass sie eine solche Verantwortung tragen. Dementsprechend hat der frühere Menschenrechtsbeauftragte der Vereinten Nationen, John Ruggie, bereits

---

[1] Vgl. Porter/Kramer, Shared Value. – Zu den Unternehmen, die mit dem Konzept operieren, gehört beispielsweise der Schweizer Nestlé-Konzern: http://www.nestle.com/csv.

[2] Vgl. KPMG, International Survey, 22.

[3] Darüber hinaus hat das Europäische Parlament am 15.4.2014 die Einführung einer CSR-Berichtspflicht für grosse Unternehmen mit mehr als 500 Beschäftigten und für solche von besonderer öffentlicher Relevanz beschlossen (http://ec.europa.eu/internal_market/accounting/non-financial_reporting/index_en.htm). Kleinere und mittlere Unternehmen sind dagegen nur mittelbar von dem Beschluss betroffen, der von den Mitgliedsstaaten allerdings noch in nationales Recht umgesetzt werden muss.

vor einigen Jahren die These vertreten, die Frage, ob Unternehmen eine soziale Verantwortung trügen, habe sich erledigt: «The theological question – should there be CSR? – is so irrelevant today. Companies are doing it. It's one of the social pressures they've absorbed.»[4] Doch so irrelevant, wie Ruggie zu glauben scheint, ist weder die Theologie noch die Frage, von der er spricht. Zwar trifft es zu, dass viele Unternehmen sich heute aufgrund von sozialem und politischem Druck genötigt sehen, ein Bekenntnis zu ihrer sozialen Verantwortung abzulegen und entsprechende Programme zu lancieren, doch das bedeutet nicht, dass die Frage, ob Unternehmen unabhängig vom Recht und allenfalls auch über dieses hinaus eine moralische Verantwortung für die Folgen ihres Handeln tragen, obsolet ist. Denn wenn solche Aktivitäten lediglich die Folge eines strategischen Kalküls sind und nicht (auch) Ausdruck eines moralischen Bewusstseins, dann ist es wohl um ihre Persistenz nicht besonders gut bestellt. Überdies hegen nicht wenige Manager und Unternehmer noch heute die Überzeugung, Milton Friedman habe durchaus Recht gehabt, als er erklärte:

> «[T]here is one and only one social responsibility of business – to use its resources and engage in activities designed to increase its profits so long as it stays within the rules of the game, which is to say, engages in open competition without deception or fraud.»[5]

Dabei sind es nicht nur Ökonomen wie Aneel Karnani[6], die Friedman beipflichten, sondern auch Zeitgenossen, die kaum im Verdacht stehen, der Wirtschaft nach dem Mund zu reden, wie etwa der frühere US-amerikanische Arbeitsminister Robert Reich[7]. Dieser ist der Ansicht, der wirtschaftliche Druck enge die Handlungsspielräume von Unternehmen heute derart ein, dass an ihre Adresse gerichtete Forderungen nach sozialer Verantwortungsübernahme unrealistisch seien. Um soziale Belange sollte sich deshalb der Staat kümmern. Wer vermutet, hinsichtlich der moralischen Verantwortung von Unternehmen würde Einigkeit herrschen, täuscht sich also.

Umstritten ist allerdings nicht nur, ob Unternehmen überhaupt eine solche Verantwortung tragen, worin sie gegebenenfalls besteht und wie weit sie reicht. Umstritten ist darüber hinaus auch die Frage, ob Unternehmen selbst als Subjekte von moralischer Verantwortung betrachtet werden sollten oder nur die in ihnen agierenden Personen. Obwohl diese beiden Fragen für die Unter-

---

[4]   Zit. nach The Economist, Just Good Business, 4.
[5]   Friedman, Responsibility, 55.
[6]   Vgl. Karnani, Case.
[7]   Vgl. Reich, Superkapitalismus.

nehmensethik von grundlegender Bedeutung sind, haben sie innerhalb der protestantischen Wirtschaftsethik bislang nicht die ihnen gebührende Beachtung gefunden. Mit der vorliegenden Studie möchte ich einen Beitrag dazu leisten, dass sich dies ändert.

1.1 Ein Desiderat theologischer Ethik

In der Wirtschaftsethik hat es sich eingebürgert, drei Ebenen zu unterscheiden: Während es auf der *Makrobene* um Fragen der Wirtschaftsordnung und auf der *Mikroebene* um das Verhalten von Individuen geht, gilt das Interesse auf der *Mesoebene* Organisationen und hier insbesondere den Unternehmen.[8] Anders als früher ist der Fokus innerhalb der allgemeinen Wirtschaftsethik heute auf die Mesoebene gerichtet und weniger auf die Makro- oder auf die Mikroebene. Dies gilt nicht nur für die amerikanische, sondern inzwischen auch für die deutschsprachige Wirtschaftsethik.[9] Die Zeiten, in denen man sich hierzulande vor allem mit der Systemfrage befasste und ebenso beharrlich wie verbissen darüber diskutierte, ob der Ethik der Primat gegenüber der Ökonomik gebührt oder umgekehrt, sind inzwischen vorbei.[10] Die deutschsprachige Wirtschaftsethik ist pragmatischer und praxisorientierter geworden, und indem sie sich intensiver mit der Mesoebene befasst, trägt sie dem Umstand Rechnung, dass Unternehmen die wichtigsten Akteure im Bereich der Wirtschaft sind und dass die Macht dieser transnational operierenden Konzerne die von Staaten bisweilen zu übertreffen scheint.[11] Wer den Fokus auf Unternehmen richtet, geht überdies davon aus, dass der Umstand, dass sich ökonomisches Handeln heute zumeist im Kontext von mehr oder weniger komplexen Organisationen vollzieht, für dessen ethische Betrachtung von einiger Relevanz ist.[12]

Anders als in der Ethik im Allgemeinen stellt sich die Situation freilich in der theologischen Ethik dar. Zwar erfreut sich die Wirtschaftsethik dank verschiedener Wirtschaftsskandale und -krisen auch hier wieder grösserer Aufmerksamkeit. Allerdings befasst man sich innerhalb der deutschsprachigen

---

[8] Diese Unterscheidung geht auf Enderle, Wirtschaftsethik zurück.

[9] Früher sah man hierin eine wichtige Differenz zwischen der amerikanischen und der deutschsprachigen Wirtschaftsethik. Vgl. dazu Palazzo, Unternehmensethik und Grabner-Kräuter, Business Ethics-Forschung.

[10] Programmatisch für eine Fokussierung auf die Mesoebene eingetreten ist in Deutschland besonders Josef Wieland (vgl. Wieland, Ethik).

[11] Vgl. hierzu Wettstein, Multinational Corporations, besonders 180–257.

[12] Dass diese Einsicht noch keine Abkehr vom methodologischen Individualismus impliziert, macht Assländer, Grundlagen, 119–123, mit Recht deutlich. Vgl. hierzu auch die Überlegungen im folgenden Kapitel.

theologischen Wirtschaftsethik nach wie vor meist mit grundlegenden und historischen sowie die Makroebene betreffenden Fragen: Man untersucht z. B. den Arbeitsbegriff[13], vergleicht den homo oeconomicus mit dem theologischen Menschenbild[14] oder analysiert die Entwicklung der sozialen Markwirtschaft und ihre christlichen Wurzeln.[15] So aufschlussreich all diese Untersuchungen auch sind, so bedauerlich ist es doch, dass die Unternehmensethik und damit auch die Frage nach der moralischen Verantwortung von Unternehmen demgegenüber stiefmütterlich behandelt werden.[16] Seinen Grund dürfte dies nicht zuletzt darin haben, dass man die soziale Marktwirtschaft vor allem in Deutschland, aber auch in der Schweiz,[17] als ein prinzipiell erfolgreiches Wirtschaftsmodell mit christlicher Prägung betrachtet, innerhalb dessen die Aufgabe, etwaige soziale und ökologische Probleme zu lösen, nicht den am Markt teilnehmenden Individuen und Organisationen, sondern dem Staat zufällt. Diese Sichtweise spiegelt sich beispielsweise in der bereits erwähnten «Unternehmer-Denkschrift» der EKD[18] sowie der 2014 vom Rat der EKD und der Deutschen Bischofskonferenz veröffentlichten Erklärung «Gemeinsame Verantwortung für eine gerechte Gesellschaft»[19] wider. Wohl auch deshalb, weil die amerikanische Wirtschaft sich nicht am Leitbild einer sozialen Marktwirtschaft orientiert, spielt die Unternehmensethik in der dortigen Business Ethics

---

[13] Vgl. z. B. Meireis, Tätigkeit; Rehm/Ulrich (Hg.), Menschenrecht.

[14] Vgl. z. B. Dietz, homo oeconomicus; Manzeschke (Hg.), Sei ökonomisch.

[15] Vgl. z. B. Jahrbuch Sozialer Protestantismus, Bd. 4, Zauberformel; Wirz/Hildmann (Hg.), Soziale Markwirtschaft.

[16] Diese Lücke spiegelt sich auch in einschlägigen Lehrbüchern und programmatisch ausgerichteten Monografien wider. Vgl. z. B. Meckenstock, Wirtschaftsethik, die Aufsatzsammlung von Herms, Wirtschaft; Jähnichen, Wirtschaftsethik; sowie Oermann, Anständig Geld verdienen; Hübner, Macht euch Freunde. Arthur Rich war sich dieses Defizits sehr wohl bewusst und er bezeichnete seine eigene, zweibändige Wirtschaftsethik deswegen selbst als «Torso» (Rich, Wirtschaftsethik, Bd. 2, 13). – Während die materialreiche Arbeit von Grosse, Wirtschaft, m. E. nur wenige systematische Anknüpfungspunkte liefert und ein Rekurs auf die katholische Soziallehre, wie sie auf katholischer Seite vereinzelt stattfindet (vgl. etwa Habisch, Corporate Citizenship; Wirz, Erfolg), hier ausscheidet, stellt die Untersuchung von Fetzer, Verantwortung, eine an die gelegentliche Rezeption der Bundestheologie in der US-amerikanischen Business Ethics anknüpfende Ausnahme dar, die es im Folgenden zu berücksichtigen gilt.

[17] Vgl. Schweizerischer Evangelischer Kirchenbund (Hg.), Gerechtes Haushalten, 50–52.

[18] Vgl. Evangelische Kirche in Deutschland, Unternehmerisches Handeln, 102–107.

[19] Vgl. Evangelische Kirche in Deutschland/Sekretariat der Deutschen Bischofskonferenz (Hg.), Gemeinsame Verantwortung, 57–60.

eine etwas grössere Rolle,[20] wenngleich Untersuchungen konzeptionellen Zuschnitts zur Frage der moralischen Verantwortung von Firmen ebenfalls ein knappes Gut darstellen.[21]

Angesichts dieser Sachlage tun Theologinnen und Theologen, die sich mit der Frage nach der moralischen Verantwortung von Unternehmen befassen wollen, meiner Auffassung nach gut daran, zunächst das Gespräch mit der Philosophie und der Ökonomie zu suchen und ihre eigenen Überlegungen in kritischer Rezeption und Auseinandersetzung mit den innerhalb der allgemeinen Unternehmensethik diskutierten Konzepten zu entwickeln.

Indem ich im Folgenden in eben dieser Weise vorgehe, möchte ich nicht insinuieren, unternehmensethische Fragen seien eine säkularer Vernunft vorbehaltene Angelegenheit, zu der die Theologie nichts beitragen kann oder soll. Dies wäre ein Missverständnis. Mir erscheint es im Gegenteil durchaus möglich, sinnvoll und aus christlicher Sicht sogar notwendig, eine theologische Unternehmensethik zu entwickeln oder jedenfalls Überlegungen zu unternehmensethischen Problemen aus theologischer Perspektive anzustellen. Tatsächlich besteht ein Ziel der vorliegenden Studie gerade darin, den Boden für ein solches Unterfangen zu bereiten. Allerdings meine ich auch, dass es falsch wäre, eine theologische Unternehmensethik einfach aus sich heraus bzw. exklusiv von der Bibel und vom christlichen Ethos her zu entwickeln. Vielmehr stimme ich mit Johannes Fischer darin überein, dass sich die theologische Ethik in der Auseinandersetzung mit Fragen der angewandten Ethik nicht auf ihre eigenen Quellen beschränken darf:

«Die theologische Ethik muss darin allgemein-gesellschaftliche Orientierungen einbeziehen, indem sie auf die Beziehung reflektiert, in welcher diese zum christlichen Ethos stehen. Denn die Antwort auf viele ethische Probleme der modernen Welt lässt sich [...] nicht unmittelbar aus der Bibel oder aus dem christlichen Glauben ableiten, sondern nur mittelbar über die Reflexion auf diese Beziehung.»[22]

---

20 Vgl. hierzu die Anthologien Stackhouse/McCann/Roels/Williams (Hg.), On Moral Business; Capaldi (Hg.), Business; O'Brien/Paeth (Hg.), Religious Perspectives.
21 Vgl. immerhin Novak, Toward a Theology, für den Unternehmen eine zentrale Rolle bei der Versöhnung von Kapitalismus und Christentum spielen; Krueger, Business Corporation, der für ein Konzept «produktiver Gerechtigkeit» plädiert; Herman, Durable Goods, der bundestheologisch argumentiert. Dagegen hält der Sammelband Okonkwo (Hg.), Christian Ethics leider weniger, als der Titel verspricht.
22 Fischer, Grundkurs, 252.

Die theologische Ethik kommt nicht umhin, die Erkenntnisse anderer in ihre Urteilsbildung einzubeziehen.[23] Nur so wird sie den moralischen Problemen, mit denen sie es zu tun hat, sowie der Lebenswirklichkeit von Christinnen und Christen gerecht, deren Existenz sich in verschiedenen Systemen und Lebenswelten abspielt und die die dort jeweils geltenden Werte, Normen und Regeln mit ihrem Glauben in Einklang zu bringen versuchen.[24] Nur so erlangt die theologische Ethik schliesslich die für den Dialog im Kontext pluralistischer Gesellschaften erforderliche Sprachfähigkeit.

Meiner Ansicht nach kommt die theologische Ethik freilich nicht nur nicht umhin, die innerhalb der allgemeinen Wirtschafts- und Unternehmensethik angestellten Überlegungen in ihre eigenen Reflexionen einzubeziehen. Vielmehr tut sie, wie gesagt, gut daran, jene Überlegungen zunächst einmal zu rezipieren, weil die wissenschaftliche Diskussion dort wesentlich weiter vorangeschritten ist als innerhalb der theologischen Ethik. Mit dieser Studie möchte ich daher dazu beitragen, dass die in der allgemeinen Unternehmensethik diskutierten Konzepte und Ideen theologischerseits zur Kenntnis genommen sowie auf ihre Trag- und ihre Anschlussfähigkeit hin geprüft werden. Dabei wird sich am Ende dieser Untersuchung herausstellen, dass die Theologie für Entwicklung einer Unternehmensethik vielleicht weniger schlecht gerüstet ist, als dies zunächst den Anschein hatte.

1.2 Soziale und moralische Verantwortung

Wenn heute in der Wirtschaft und in der Wirtschaftsethik von der Verantwortung von Unternehmen die Rede ist, dann spricht man meist von gesellschaftlicher bzw. sozialer Verantwortung[25] bzw. im Business-Englisch von *Corporate Social Responsibility*[26]. Doch so beliebt der Begriff auch ist, was unter CSR zu verstehen ist, ist weniger klar. Zwar wird die Definition von Archie Carroll, wonach CSR «encompasses the economic, legal, ethical, and discretionary expectations that society has of organizations at a given point in time»[27] bis heute von vielen Autorinnen und Autoren, die sich mit der Thematik be-

---

[23] Vgl. hierzu auch meine Überlegungen zur Aufgabe öffentlicher Rechtfertigung, Grotefeld, Überzeugungen, 308–322.

[24] Vgl. Fischer, Grundkurs, 205.

[25] Ich verwende die Begriffe gesellschaftliche bzw. soziale Verantwortung im Folgenden synonym.

[26] Einen Überblick vermitteln Crane/McWilliams/Moon/Siegel (Hg.), Oxford Handbook; und Crane/Matten/Spence (Hg.), Corporate Social Responsibility.

[27] Carroll, A Three-Dimensional Conceptual Model, 500.

fassen, zitiert, doch einhelliger Zustimmung erfreut sie sich nicht. Problematisch aus ethischer Perspektive ist an dieser Definition nicht nur, dass Carroll CSR an Erwartungen von Seiten der Gesellschaft knüpft, ohne zu fragen, ob diese Erwartungen auch berechtigt sind. Hinzu kommt, dass Carroll seine Definition mit einem Pyramidenmodell verknüpft hat,[28] das eine problematische Stufenfolge wirtschaftlicher, legaler, ethischer und philanthropischer Verantwortlichkeit suggeriert, was auch Carroll selbst inzwischen einräumt.[29] Neben Carrolls Definition gibt es eine Vielzahl anderer Definitionsvorschläge – darunter auch solche politischer Gremien, wie z. B. diejenige der Europäischen Kommission. Diese definiert CSR im Rahmen einer umfassenden CSR-Strategie 2011 neu wie folgt:

«Die Kommission legt eine neue Definition vor, wonach CSR ‹die Verantwortung von Unternehmen für ihre Auswirkungen auf die Gesellschaft› ist. Nur wenn die geltenden Rechtsvorschriften und die zwischen Sozialpartnern bestehenden Tarifverträge eingehalten werden, kann diese Verantwortung wahrgenommen werden. Damit die Unternehmen ihrer sozialen Verantwortung in vollem Umfang gerecht werden, sollten sie auf ein Verfahren zurückgreifen können, mit dem soziale, ökologische, ethische, menschenrechts- und Verbraucherbelange in enger Zusammenarbeit mit Stakeholdern in die Betriebsführung und in ihre Kernstrategie integriert werden.»[30]

Für die Schweiz hat das Staatssekretariat für Wirtschaft SECO, den Begriff so definiert, dass es ihn mit anderen Konzepten unternehmerischer Verantwortung verknüpft, den Aspekt der Freiwilligkeit betont und zudem zwischen unternehmerischer Verantwortung in Industrie- und Entwicklungsländern unterscheidet:

«Allgemein anerkannt ist, dass CSR den fakultativen Beitrag der Privatwirtschaft an eine nachhaltige Entwicklung oder m. a. W. den Beitrag an die Gesellschaft unter Berücksichtigung der Interessen ihrer Anspruchsgruppen (Stakeholder) umfasst. Dabei steht – zumindest in Industrieländern – nicht die Einhaltung der Gesetze,

---

[28] Vgl. Carroll, Pyramid, 42.

[29] Vgl. Schwartz/Carroll, Corporate Social Responsibility. Das von Schwartz und Carroll in diesem Aufsatz stattdessen vorgeschlagene Bereichsmodell mit drei einander überlappenden Kreisen beseitigt zwar das durch das Pyramidenmodell evozierte Missverständnis einer Stufenfolge und macht Überlappungen zwischen ökonomischer, rechtlicher und ethischer Verantwortung sichtbar. Problematisch an ihrem Modell einander nur teilweise überlappender Kreise ist freilich die Annahme, es gäbe ökonomische oder rechtliche Bereiche, die einer ethischen Betrachtung entzogen seien.

[30] Europäische Kommission, EU-Strategie, 7.

sondern darüber hinaus die freiwillige Selbstverpflichtung der Unternehmen im Vordergrund. Etwas anders gestaltet sich die Situation in Ländern, wo zwar ein gesetzlicher Rahmen besteht, dieser aber nur lückenhaft durchgesetzt wird. Dort kommt bereits der Einhaltung der Gesetze eine zentrale Bedeutung zu.»[31]

Die ISO-Norm 26000 («Leitfaden zur gesellschaftlichen Verantwortung») verbindet ihre CSR-Definition ebenfalls mit anderen, ihrerseits umstrittenen Konzepten und bezieht sich nicht nur auf Wirtschaftsunternehmen, sondern auf Organisationen im Allgemeinen:

> «Verantwortung einer Organisation für die Auswirkungen ihrer Entscheidungen und Aktivitäten auf die Gesellschaft und die Umwelt durch transparentes und ethisches Verhalten, das zur nachhaltigen Entwicklung, Gesundheit und Gemeinwohl eingeschlossen, beiträgt; die Erwartungen der Anspruchsgruppen berücksichtigt, anwendbares Recht einhält und im Einklang mit internationalen Verhaltensstandards steht; und in der gesamten Organisation integriert ist und in ihren Beziehungen gelebt wird.»[32]

Da jeder dieser Definitionsvorschläge Probleme aufwirft und keiner von ihnen sich breiter Zustimmung erfreut, schlagen manche Autoren vor, auf eine klare Definition zu verzichtet und stattdessen auf bestimmte Merkmale zu verweisen, die regelmässig genannt werden, wenn von CSR die Rede ist.[33]

Mir selbst erscheint es nicht nur legitim, sondern auch sinnvoll, sowohl diese Problematik als auch die Frage, wie verschiedene Konzepte unternehmerischen Engagements – *Corporate Social Responsibility*, *Corporate Citizenship*, *Corporate Philanthropy*, *Ethical Entrepreneurship* – voneinander abgegrenzt werden können,[34] hier auf sich beruhen zu lassen, weil es mir in dieser Studie nicht um eine wie auch immer geartete *soziale* oder *gesellschaftliche* Verantwortung von Unternehmen geht, sondern darum, ob und wie sich deren *moralische* Verantwortlichkeit *ethisch-normativ* begründen lässt und worin sie gegebenenfalls besteht. Ob die Beantwortung dieser Frage zum selben Ergebnis in Bezug auf die moralische Verantwortung von Unternehmen kommt, wie die ein oder andere CSR-Konzeption es definiert, oder ob soziale Verantwor-

---

[31] SECO, CSR-Konzept, 2.
[32] SNV, ISO 26000, 17 (Hervorhebungen und Verweise getilgt, stg).
[33] Vgl. Crane/Matten/Spence, Corporate Social Responsibility, 9–12.
[34] Vgl. hierzu beispielsweise Schwab, Global Corporate Citizenship, der CSR in diesem Artikel mit der Verantwortung eines Unternehmens gegenüber seinen Stakeholdern identifiziert.

tung als ein Teilbereich der moralischen Verantwortung von Unternehmen angesehen werden sollte oder umgekehrt diese als ein Teil von jener,[35] ist deshalb im Hinblick auf die von mir verfolgte Fragestellung allenfalls von nachgeordneter Bedeutung.

1.3 Unternehmen

Gegenstand des vorliegenden Essays ist die moralische Verantwortung von Unternehmen. Während die Wörter Unternehmen, Unternehmung, Firma oder Betrieb in der Alltagssprache häufig wie Synonyme verwendet werden, unterscheidet man sie in den Rechts- und Wirtschaftswissenschaften zumeist voneinander, ohne dass dabei allerdings Einigkeit hinsichtlich ihrer Bedeutung bestände. Wenn ich im Folgenden von einem Unternehmen oder einer Unternehmung spreche, dann orientiere ich mich an der betriebswirtschaftlichen Definition von Günter Wöhe und Ulrich Döring, wonach es sich bei ihnen um «erwerbswirtschaftlich orientierte Betriebe»[36] handelt, die sich als solche von öffentlichen Betrieben und von Non-Profit-Betrieben unterscheiden, die in der Regel nicht nach Gewinn streben. Als Fabrik bezeichne ich mit Wöhe und Döring demgegenüber eine Produktionsstätte und als Geschäft den «Ort der Abwicklung von Einzeltransaktionen»[37], während ich das Wort Firma im Folgenden nicht in seinem engeren Sinne als Bezeichnung für den (Marken-)Namen, sondern umgangssprachlich, d. h. gleichbedeutend mit dem Wort Unternehmen verwende.

Unternehmen sind unterschiedlich beschaffen. Will man sie typologisieren, kann man sich beispielsweise an der Branche orientieren, in der ein Unternehmen tätig ist, oder an dessen Grösse (nach Anzahl Mitarbeitende, Umsatz etc.). Beide Aspekte sind moralisch relevant, insofern man in manchen Branchen häufiger mit moralischen Problemen konfrontiert wird als in anderen und insofern Grösse Macht impliziert und mehr Macht wiederum ein höheres Mass an Verantwortung. Mindestens ebenso bedeutsam für die Frage nach der moralischen Verantwortlichkeit von Unternehmen ist allerdings deren rechtliche Form, auch wenn nicht alle Unternehmen eine eigene Rechtspersönlichkeit besitzen.

---

[35] Werhane, Corporate Social Responsibility, 460f., vertritt die zuletzt genannte Auffassung und insistiert zugleich auf der Differenz zwischen CSR und moralischer Verantwortlichkeit von Unternehmen, die, ihres Erachtens – wie auch ich meine – noch einer eignen, normativen Begründung bedarf.

[36] Wöhe/Döring, Einführung, 30.

[37] Wöhe/Döring, Einführung, 30.

Das schweizerische Gesellschaftsrecht unterscheidet drei Arten von Gesellschaften: Personengesellschaften, Anstalten und Körperschaften oder Korporationen. Nur bei den Anstalten und Körperschaften handelt es sich um eigenständige juristischen Personen. Personengesellschaften, zu denen neben der einfachen Gesellschaft, die kein kaufmännisches Unternehmen betreiben darf, Kollektivgesellschaften und Kommanditgesellschaften gehören, werden hingegen als Ansammlungen von Personen bzw. als Rechtsgemeinschaften betrachtet. Während Anstalten, zu denen neben öffentlichen Anstalten v. a. Stiftungen zählen, keine Mitglieder besitzen, handelt es sich bei Körperschaften um juristische Personen, die zwar auf der Mitgliedschaft von natürlichen Personen beruhen, deren Existenz jedoch vom jeweiligen Mitgliederbestand unabhängig ist. Zu ihnen gehören gemäss Schweizer Recht neben Genossenschaften und Vereinen die in wirtschaftlicher Hinsicht besonders bedeutsamen Kapitalgesellschaften. In der Schweiz sind dies v. a. die Aktiengesellschaften sowie die Gesellschaften mit beschränkter Haftung (GmbHs).[38]

Kapitalgesellschaften unterscheiden sich von Personengesellschaften nicht nur dadurch, dass sie über eine eigene Rechtspersönlichkeit verfügen und «unsterblich» sind, sondern auch in der Frage der Haftbarkeit. Während bei einer Kollektivgesellschaft alle Gesellschafter subsidiär und unbeschränkt haften und bei einer Kommanditgesellschaft Kommanditäre zwar nur bis zur Höhe der Kommanditsumme, Komplementäre jedoch unbeschränkt haften, beschränkt sich die Haftung im Fall von Aktiengesellschaften und Gesellschaften mit beschränkter Haftung auf das jeweilige Gesellschaftsvermögen[39], was diese Rechtsform für Personen, die ein Unternehmen gründen wollen, und für Anlegerinnen und Anleger attraktiv macht. Speziell Aktiengesellschaften besitzen darüber hinaus den Vorteil, dass ihre Anteile handelbar und damit unkompliziert von einer Person auf die andere übertragen werden können.

Angesichts dieser Vorteile ist es kein Zufall, dass das Wirtschaftsgeschehen heute von Kapitalgesellschaften bestimmt wird. Das trifft auch auf die Schweiz zu. Zwar gilt sie ebenso wie Deutschland[40] zu Recht als ein Land der

---

[38] Ebenfalls zu den Kapitalgesellschaften zählen nach schweizerischem Recht Kommanditaktiengesellschaften, die in der Praxis freilich nur eine geringe Rolle spielen, sowie Investmentgesellschaften. Das deutsche Recht zählt zu den Kapitalgesellschaften ebenfalls Aktiengesellschaften, GmbHs, Kommanditgesellschaften auf Aktien sowie Unternehmergesellschaften.

[39] Dieses gilt auch für die Aktiengesellschaften und *Limited Liability Companies* nach US-amerikanischen Gesellschaftsrecht.

[40] In Deutschland zählten gemäss den Angaben des Statistischen Bundesamtes 2011 99,3 % der Unternehmen zu den kleineren und mittleren Unternehmen (KMU), in denen 60 % der Beschäftigten tätig waren (https://www.destatis.de/DE/ZahlenFakten/GesamtwirtschaftUmwelt/

kleineren und mittleren Unternehmen, was die Grösse der hier ansässigen Unternehmungen angeht.[41] Dennoch sind rechtlich betrachtet – von Einzelunternehmen (326 205) einmal abgesehen, die von einem einzigen Inhaber, wie z. B. einem Handwerker oder einer Ärztin, geführt werden und deren Gründung lediglich einen Eintrag in das Handelsregister erfordert – die Gesellschaften mit beschränkter Haftung (82 150) und vor allem die Aktiengesellschaften (112 518) die in der Schweiz mit Abstand am stärksten verbreiteten Gesellschaftsformen.[42] An der Börse kotiert ist übrigens nur ein sehr kleiner Teil der Schweizer Aktiengesellschaften, nämlich 0,1 %. Dessen volkswirtschaftliche Bedeutung ist freilich wesentlich grösser, da börsenkotierte Aktienunternehmen 10 % der Schweizer Arbeitnehmerinnen und Arbeitnehmer beschäftigen, 18 % des Schweizer Bruttoinlandproduktes erwirtschaften und für mehr als ein Drittel der Schweizer Unternehmenssteuern aufkommen.[43]

Wenn ich mich in diesem Essay mit der Verantwortung von Unternehmen auseinandersetze, dann habe ich dabei vor allem jene privatwirtschaftlichen und gewinnorientierten Betriebe vor Augen, die als Kapitalgesellschaften organisiert sind, d. h. Gesellschaften mit beschränkter Haftung und vor allem Aktiengesellschaften. Denn diese Unternehmen sind nicht nur weit verbreitet, sondern auch ausserordentlich erfolgreich – so erfolgreich übrigens, dass manche Historiker sie für die wichtigsten Organisationen der Welt und die Basis

---

UnternehmenHandwerk/KleineMittlereUnternehmenMittelstand/KleineMittlereUnternehmen Mittelstand.html; letzter Zugriff: 28.12.2014).

[41] Gemäss der Betriebszählung von 2012 zählen 99,8 % der Schweizer Unternehmen zu den KMU mit bis zu 249 Beschäftigten (Vollzeitäquivalenten). Immerhin 70,1 % der in der Schweizer Wirtschaft beschäftigten Personen arbeiten gemäss den Angaben des Bundesamtes für Statistik in einem solchen KMU (http://www.bfs.admin.ch/bfs/portal/de/index/themen/ 06/02/blank/key/03/01.html; letzter Zugriff: 28.12.2014).

[42] Vgl. die auf das Jahr 2012 bezogenen Angaben des Bundesamtes für Statistik (http://www. bfs.admin.ch/bfs/portal/de/index/themen/06/02/blank/key/01/rechtsnorm.html; letzer Zugriff: 28.12.2014). In Deutschland übersteigt die Zahl der GmbHs (514 087) dagegen die Zahl der Aktiengesellschaften (7 816) dagegen bei weitem. Weitaus grösser ist auch hier die Zahl der Einzelunternehmen (2 217 155), deren wirtschaftliche Bedeutung freilich weit hinter derjenigen der Kapitalgesellschaften zurückbleibt (https://www.destatis.de/DE/ZahlenFakten/ GesellschaftStaat/OeffentlicheFinanzenSteuern/Steuern/Umsatzsteuer/Tabellen/Voranmeldu ngen_Rechtsformen.html; letzter Zugriff: 28.12.2014). Noch grösser ist die wirtschaftliche Dominanz von «corporations» im Vergleich zu «non-farm proprietorships» und «partnerships» (Personengesellschaften) nach Angaben des US Census Bureau offenbar in den USA (http://www.census.gov/compendia/statab/cats/business_enterprise/sole_proprietorships_partnersh ips_corporations.html; letzter Zugriff: 28.12.2014).

[43] Vgl. hierzu die im Auftrag von economie suisse an der HTW Chur erarbeitete Studie Beier/ Hauser/Hauser, Bedeutung, aus dem Jahr 2013.

für den Wohlstand des Westens halten.[44] Besonders wichtig sind dabei in meinen Augen die an der Börse kotierten Aktiengesellschaften, die zwar prozentual betrachtet nur einen kleinen Teil aller Unternehmen ausmachen, die die meisten anderen Unternehmen aber an Grösse und Wert, an Umsatz und Gewinn deutlich überragen, weil sie sich nicht nur durch eine von natürlichen Personen unabhängige Existenz sowie beschränkte Haftbarkeit auszeichnen, sondern darüber hinaus für Anlegerinnen und Anleger auch deshalb attraktiv sind, weil ihre Aktien frei handelbar sind und weil sie selbst aufgrund ihrer Börsenkotierung leicht neues Kapital aufnehmen können.

Aus ethischer Perspektive verdienen gerade diese Unternehmen besondere Aufmerksamkeit, weil sich bei ihnen nicht nur wie bei allen anderen Unternehmen die Frage nach der moralischen Verantwortung stellt, sondern auch aufgrund ihrer Grösse – insofern grössere Macht ein höheres Mass an moralischer Verantwortung impliziert (vgl. schon Mt 25,14–30 par.). Im Übrigen stellt sich bei ihnen aufgrund ihrer im Vergleich zu Personengesellschaften weitaus komplexeren Struktur die Frage, wem innerhalb des Unternehmens allenfalls eine moralische Verantwortung zugeschrieben werden oder ob gar das Unternehmen selbst als Träger moralischer Verantwortung gelten kann und soll.

1.4 Weiteres Vorgehen

Unternehmen und die mit ihrer Existenz und ihrem Handeln verbundenen moralischen Fragen haben innerhalb der theologischen Ethik nicht die Aufmerksamkeit gefunden, die sie meiner Ansicht nach verdienen. Mit dieser Studie möchte ich dazu beitragen, dass sich dies ändert, wobei ich mich auf die Diskussion zweier grundlegender Fragen beschränke: Im *zweiten Kapitel* werde ich mich zunächst mit dem Problem der korporativen moralischen Verantwortung befassen. Während heute häufig die Auffassung vertreten wird, Unternehmen als solche könnten und sollten als Träger moralischer Verantwortung angesehen werden, werde ich dafür plädieren, moralische Verantwortung nur Individuen zuzuschreiben, die über bestimmte Eigenschaften verfügen. Das *dritte Kapitel* ist sodann der Frage gewidmet, ob die Personen, die im Namen von Unternehmen handeln, eine moralische Verantwortung haben und worin diese gegebenenfalls besteht. Zu diesem Zweck werde ich drei mögliche Antworten prüfen und in einem Fazit darlegen, weshalb Personen in Unternehmen meiner Auffassung nach sowohl gegenüber deren Stakeholdern als auch

---

[44]   Micklethwait/Wooldridge, Company, xv. – Die beiden Autoren verwenden an dieser Stelle das Wort «company» und denken dabei vornehmlich an die «limited-liability joint-stock company» (ebd., xvi).

gegenüber der Gesellschaft eine gewisse moralische Verantwortung tragen. Enden möchte ich im *vierten Kapitel* mit dem Hinweis darauf, dass sich so die in dieser Hinsicht bestehende Lücke innerhalb der «Unternehmer-Denkschrift» der EKD schliessen lässt.

2. Korporative Verantwortung aus ethischer Sicht

Im Alltag tun wir häufig so, als seien Unternehmen Entitäten, die Absichten hegen und Handlungen ausführen könnten. Wir sagen beispielsweise, ein Unternehmen beabsichtige an die Börse zu gehen oder habe eine andere Firma gekauft. Ebenso sprechen wir manchmal davon, dass ein Unternehmen die Verantwortung für etwas trägt, indem wir z. B. erklären, die Firma BP sei verantwortlich für die Explosion der Ölbohrplattform Deepwater Horizon und die nachfolgende Ölpest im Golf von Mexiko im Jahr 2010.

Wer dergleichen sagt, scheint damit zum Ausdruck zu bringen, es sei das Unternehmen als solches, das für die betreffende Handlung (und die damit verbundenen Folgen) verantwortlich sei. Möglicherweise täuscht dieser Eindruck aber auch, da die Aussage gar nicht wörtlich gemeint ist. Denn wer so redet, könnte das Wort «Unternehmen» auch einfach im Sinne eines Sammelbegriffs verwenden, etwa so, wie wenn man mit Blick auf eine Schale mit Äpfeln, Birnen und Bananen von Obst oder mit Bezug auf eine Ansammlung von Blättern von Laub spricht. Mit «Unternehmen» wären dann eigentlich die Personen innerhalb des Unternehmens gemeint, die die betreffende Handlung intendiert und vollzogen bzw. durch Unterlassung nicht verhindert haben und nicht das Unternehmen selbst.[45]

Doch selbst wenn die Zuschreibung von Verantwortung an ein Unternehmen tatsächlich wörtlich gemeint wäre, so bedeutet dies nicht ohne Weiteres, dass dies auch zu Recht erfolgt. Denn abgesehen davon, dass – um bei dem oben genannten Beispiel zu bleiben – richtigerweise nicht unbedingt BP, sondern vielmehr deren Partnerunternehmen Transocean die (Haupt-)Verantwortung für die Katastrophe zugemessen werden müsste, kann es sein, dass Unternehmen als solche prinzipiell nicht über die erforderlichen Voraussetzungen verfügen, die gegeben sein müssen, um als Träger moralischer Verantwortung zu gelten.

Bis vor einiger Zeit galt es als selbstverständlich, dass nur individuelle Personen Trägerinnen moralischer Verantwortung sein können, während dies getreu dem geläufigen Rechtsgrundsatz societas delinquere non potest auf Gruppen, Gesellschaften und Korporationen nicht zutrifft. Die Debatte über die deutsche Kollektivschuld nach dem Zweiten Weltkrieg scheint hier eine gewisse Ausnahme darzustellen. Sie betraf jedoch bei genauerem Hinsehen mehr die

---

[45] Die These vertritt Velasquez, Why Corporations, 126, und spricht dabei von einer elliptischen Redeweise.

Frage, ob ein Individuum als Teil eines Kollektivs ohne konkretes individuelles Verschulden eine Mitschuld und -verantwortung trägt, und weniger die davon zu unterscheidende Frage, ob ein Kollektiv als solches Schuld bzw. Verantwortung tragen kann.[46] Seit einigen Jahren mehren sich allerdings die Stimmen, die diese Auffassung infrage stellen, und einige Staaten haben ihr Recht inzwischen in einer Weise revidiert, die es erlaubt, Unternehmen als solche nicht nur privat-, sondern auch strafrechtlich zur Rechenschaft zu ziehen.[47] Hinter diesen Entwicklungen stehen nicht zuletzt praktische Erwägungen, da die Grösse mancher Unternehmen und die Komplexität vieler Handlungsabläufe die individuelle Zurechnung von Verantwortung erschwert oder schier unmöglich macht, wie beispielsweise beim Seilbahn-Unglück im österreichischen Kaprun im Jahr 2001.[48] Es entstehen so prekäre Verantwortungslücken, die das Konzept korporativer Verantwortung[49] zu schliessen verspricht.[50] Für ein solches Konzept spricht darüber hinaus, dass die Strukturen und Ziele einer Korporation offensichtlich einen bestimmenden Einfluss auf die Handlungen ihrer Mitglieder ausüben und dass die Existenz einer Korporation unabhängig von ihren jeweiligen Mitgliedern ist.[51]

Seit Peter French 1979 in einem Aufsatz erstmals die These vertreten hat, Korporationen würden sich in nichts von gewöhnlichen Personen unterscheiden und seien infolgedessen genau wie diese als Trägerinnen moralischer Verantwortung anzusehen,[52] hat es deshalb eine Reihe von weiteren Vorschlägen

---

[46] Vgl. dazu auch Schefczyk, Verantwortung.

[47] Siehe unten 55–59.

[48] Vgl. hierzu den Artikel in der FAZ über das Urteil im Strafprozess zu der Seilbahnkatastrophe, der am 20.2.2004 unter dem Titel «155 Katastrophenopfer und kein Schuldiger» erschien (abrufbar unter: http://www.faz.net/aktuell/gesellschaft/kriminalitaet/urteil-155-katastrophenopfer-und-kein-schuldiger-1149467.html [letzter Zugriff: 28.12.2014]).

[49] Ich spreche hier und im Folgenden von korporativer und nicht etwa von organisationaler Verantwortung, da sich dieser Begriff in der angelsächsisch geprägten, ethischen Debatte, auf die ich mich beziehe, eingebürgert hat. Weder soll damit also in Abrede gestellt werden, dass es sich um Organisationen handelt, die einen spezifischen Zweck verfolgen, noch ist damit eine Bezugnahme auf die in Deutschland beheimatete Idee des Korporativismus intendiert.

[50] Zu denen, die diesen Aspekt betonen, gehören beispielsweise Geser, Organisationen; und Fetzer, Verantwortung, 162. Auch Coleman, Foundations, 531–578, plädiert wie Geser aus soziologischer Sicht für ein Konzept korporativer Verantwortung, weil er hierin eine notwendige Reaktion auf die Anerkennung v. a. von Unternehmen als juristische Personen sieht. Allerdings spricht Coleman zumeist allgemein von Verantwortung bzw. sozialer Verantwortung, ohne zwischen rechtlicher und moralischer Verantwortung zu unterscheiden und ohne systematisch danach zu fragen, ob Korporationen die für die Zuschreibung moralischer Verantwortung erforderlichen Bedingungen erfüllen.

[51] Vgl. Maring, Kollektive und korporative Verantwortung, 296.

[52] Vgl. French, Corporation.

gegeben, die in unterschiedlicher Weise darauf abzielen, die Idee einer moralischen Verantwortlichkeit von Korporationen als solchen zu stützen und zu entwickeln. In diesem Kapitel möchte ich einige dieser Vorschläge prüfen. Dabei werde ich zum Ergebnis kommen, dass sie keine überzeugenden Argumente für die Annahme einer moralischen Verantwortlichkeit von Korporationen liefern. Ob die Zuschreibung moralischer Verantwortlichkeit an die Adresse von Korporationen gerechtfertigt ist, hängt von den Bedingungen ab, an die die Zuschreibung von moralischer Verantwortung im Allgemeinen geknüpft wird. Deshalb gehe ich so vor, dass ich zunächst die Konturen des Begriffs moralischer Verantwortung sowie die Bedingungen skizziere, die für deren Zuschreibung für gewöhnlich vorausgesetzt werden (2.1). Im Zentrum dieses Kapitels steht sodann die Auseinandersetzung mit ausgewählten Konzeptionen (2.2), aus der ich am Ende einige Schlussfolgerungen ableiten werde, die ich mit einem kurzen Ausblick auf die rechtliche Regulierung der Problematik in der Schweiz verbinde (2.3).

2.1 Begriff und Bedingungen moralischer Verantwortung

Moralische Verantwortung ist eine spezifische Form von Verantwortung. Als solche lässt sie sich von anderen Formen von Verantwortung zwar nicht vollkommen abgrenzen, aber doch unterscheiden. So differenziert Herbert Hart zwischen Rollenverantwortung (*role-responsibility*), kausaler Verantwortung (*causal responsibility*), Fähigkeits-Verantwortung (*capacity-responsibility*)[53] und Rechenschaftsverantwortung (*liability-responsibility*),[54] zu der er sowohl die juridische als auch die moralische Verantwortung zählt und die er mit Verweis auf die Sprachgeschichte als die primäre bezeichnet.[55] Zugleich weist

---

[53] Gemeint ist hiermit schlicht das Vorhandensein der Fähigkeit, Verantwortung zu tragen: «In most contexts [...] the expression ‹he is responsible for his actions› is used to assert that a person has certain normal capacities» (Hart, Postscript, 227).

[54] Vgl. Hart, Postscript, 211–230. Demgegenüber unterscheidet Schefczyk, Verantwortung, 80–84, zwischen kausaler Verantwortung, moralischer Verantwortung, Aufgabenverantwortung, sowie Folgenverantwortung oder Haftung. Während von Hart der der juridischen und moralischen Verantwortung gemeinsame Rechenschaftscharakter betont wird, akzentuiert Schefczyk damit die Eigenart moralischer Verantwortung, die seines Erachtens darin besteht, dass sie bei anderen «spezifische reaktive Einstellungen, wie Dankbarkeit oder Empörung» (Schefczyk, Verantwortung, 82) hervorruft.

[55] Vgl. Hart, Postscript, 265. Anders Höffe, Moral, 20f., der im Unterschied zu Hart zwischen Aufgaben-, Rechenschafts- und Haftungsverantwortung unterscheidet und der die Aufgabenverantwortung als logisch primär bezeichnet: «Haftbar machen darf man nur dort, wo man sowohl gewisse Zuständigkeiten als auch deren Verletzung nachgewiesen hat; erfolgt dieser

Hart aber auch auf die zwischen ihr und den anderen Formen der Verantwortung bestehenden Verbindungen hin:

«The other senses of responsibility are variously derived from this primary sense of liability-responsibility and are connected indirectly with the relevant sense of answer in that way. Causing harm and the possession of the normal capacities to conform to the requirements of law or morals are the most prominent among the criteria of liability-responsibility. So a person who causes harm by his action or omission, and possesses these capacities, is responsible in the liability-responsibility-sense [...] Role-responsibility is perhaps less directly derivable from the primary sense of liability-responsibility: the connexion is that the occupant of a role is contingently responsible in that primary sense if he fails to fulfil the duties which define his role and which are hence his responsibilities»[56].

Unbeschadet dieser Zusammenhänge, von denen im Kontext der Voraussetzungen für moralische Verantwortlichkeit noch einmal die Rede sein wird, und trotz der Verwandtschaft von moralischer und juridischer Verantwortung, stellt moralische Verantwortung ein von anderen Formen der Verantwortung unterscheidbares Phänomen dar, dessen Eigenart vor allem darin besteht, dass ihr Massstab eben moralischer und nicht etwa rechtlicher oder anderer Natur ist.[57] Trotz dieser Unterscheidung wird in der Folge «Verantwortung» synonym mit «moralischer Verantwortung» verwendet, da es sich hier ja um ethische Überlegungen handelt.

Der konjunkturelle Höhepunkt in der ethischen Auseinandersetzung mit dem Verantwortungsbegriff dürfte in den Achtzigerjahren des vergangenen Jahrhunderts erreicht worden sein, als die mit der technischen Entwicklung einher-

---

Nachweis, dann ist allerdings die Haftung legitim» (Höffe, Moral, 21). Dabei fasst Höffe den Begriff «Aufgabenverantwortung» weiter als Hart, insofern sie nicht nur «die Zuständigkeit für bestimmte Rollen, Funktionen und Ämter», sondern auch «die generelle Zuständigkeit für die Folgen und Nebenfolgen des Handelns» einschliessen soll. Sachlogisch leuchtet Höffes These vom Primat der so bestimmten Aufgabenverantwortung ein, ohne dass dies etwas daran ändern würde, dass Harts Einschätzung in sprach- bzw. entstehungsgeschichtlicher Hinsicht zutreffen dürfte (so der Sache nach auch Bayertz, Eine kurze Geschichte, 16f.). – Auch wenn Höffe dies nicht ausdrücklich sagt, ist doch offensichtlich, dass jede der drei von ihm unterschiedenen Grundbedeutungen des Verantwortungsbegriffs in moralischer, aber auch in rechtlicher oder politischer Form auftreten kann.

[56] Hart, Postscript, 265

[57] So auch Hart, Postscript, 225f. – Auch sind Gefühle wie Empörung oder Scham zwar typische, aber wohl nicht spezifische Reaktionen auf eine Verfehlung von moralischer Verantwortung, insofern sie ebenso im Kontext von politischer Verantwortungslosigkeit auftreten.

gehenden Risiken für den Menschen und seine Umwelt die Verantwortungs-frage evozierten.[58] Das gilt auch für die theologische Ethik, wie Wolfgang Hubers damaliger Vorschlag zeigt, wonach «Sozialethik als Verantwortungs-ethik entworfen und entwickelt werden muss»[59]. Gleichwohl spielt er in den moralischen Diskursen der Gegenwart nach wie vor eine zentrale Rolle. Von Verantwortung ist auch heute noch viel die Rede, und zwar nicht nur im theo-logischen oder philosophischen Fachgespräch, sondern mehr noch in der gesell-schaftlichen und politischen Öffentlichkeit. Anders als vor dreissig oder vierzig Jahren werden Fragen moralischer Verantwortung dabei heute vermutlich häu-figer mit Bezug auf die Wirtschaft diskutiert, während die Politik und vor allem die Regierenden seit jeher mit dieser Frage konfrontiert sind.

Grössere Relevanz hat der Begriff «Verantwortung» allerdings erst in der zweiten Hälfte des 19. Jahrhunderts infolge der fortschreitenden Industrialisie-rung gewonnen, die die «Struktur der gesellschaftlichen Arbeit» von Grund auf verändert hat, und zwar «zum einen durch die intensivierte Arbeitsteilung, zum zweiten durch den Fortschritt der Technik».[60] Wenn man damals mit Hilfe des Verantwortungsbegriffs versuchte, «auf die tiefgreifenden Veränderungen des menschlichen Handelns, seiner Struktur und seiner Folgen philosophisch zu reagieren»[61], dann heisst das allerdings nicht, dass dieser «[d]er Sache nach» und mit anderen Termini in der Ethik zuvor nicht präsent gewesen wäre:

> «Dabei wird der Themenkreis der retrospektiven Verantwortung traditionell anhand des Begriffs der Schuld oder auch ‹Zurechnung›, ‹Zuschreibung› oder ‹Imputation› diskutiert. Der Problemkontext der prospektiven Verantwortung wurde traditionell (und wird vielfach auch heute) mithilfe des Begriffs der Pflicht thematisiert».[62]

---

[58] Über die historische Entwicklung des Verantwortungsbegriffs informiert Bayertz, Eine kurze Geschichte, mit Hinweisen auf weitere Literatur.

[59] Den Katalysator für die damaligen Debatten bildete Jonas, Prinzip, auf den sich auch Huber neben Max Weber (vgl. Weber, Politik) und vor allem Dietrich Bonhoeffer (vgl. Bonhoeffer, Ethik, 256–299) bezog. Bereits zwanzig Jahre vor Huber hat freilich neben Dietrich Bonhoeffer auch H. Richard Niebuhr den Verantwortungsbegriff zum Angelpunkt seines theologisch-ethischen Ansatzes gemacht (vgl. Niebuhr, Responsible Self), so dass Knut Løgstrup, Verant-wortung, 1255, schon 1962 erklären konnte: «Die Theologen des 19. Jh.s glaubten mit dem Begriff der Pflicht ein wesentliches Element des Evangeliums erkannt zu haben, während die Theologen des 20. Jh.s den Begriff der V[erantwortung] als ein Schlüsselwort des Evange-liums betrachten.»

[60] Bayertz, Eine kurze Geschichte, 25.

[61] Bayertz, Eine kurze Geschichte, 27.

[62] Werner, Verantwortung, 543, (Hervorhebungen getilgt, stg).

Retrospektive Verantwortung setzt prospektive Verantwortung voraus.[63] Denn nur wenn es angemessen war, jemandem vorausblickend die Verantwortung für eine bestimmte Person, Sache oder Angelegenheit zuzuschreiben, ist es gerechtfertigt, sie nachträglich hierfür zur Verantwortung zu ziehen. Allerdings hängt retrospektive Verantwortung nicht davon ab, ob eine solche Verantwortung *ex ante* explizit festgestellt worden ist. In vielen Kontexten setzt retrospektive Verantwortung lediglich voraus, dass die prospektive Zuschreibung einer entsprechenden Verantwortung angemessen gewesen wäre.

Dies führt zur Frage, ob die tatsächliche oder mögliche Zuschreibung prospektiver Verantwortung ihrerseits an bestimmte Voraussetzungen gebunden ist. Mit dieser Frage wird der Fokus der Analyse auf das Subjekt der Verantwortung und damit auf jenes Strukturelement des Verantwortungsbegriffs gerichtet, um das es bei der Problematik korporativer Verantwortung geht.

Verantwortung lässt sich nämlich als ein mehrstelliger Relationsbegriff begreifen, wobei die Anzahl der Strukturelemente je nach Kontext und Differenzierungsgrad zwischen zwei und sechs divergiert. Mit Werner erscheint es mir zumindest im Hinblick auf Verantwortung im moralischem Sinne «sinnvoll, den Zuschreibungsbegriff der Verantwortung als wenigstens vierstellige Relation einzuführen, um den normativen Bezugspunkt der Verantwortung hervorzuheben: Jemand (Subjekt) ist für etwas (Gegenstand) vor oder gegenüber jemandem (Instanz) aufgrund bestimmter normativer Standards (Normhintergrund) – prospektiv – verantwortlich. Bzw.: Jemand (Subjekt) verantwortet sich – retrospektiv – für etwas (Gegenstand) vor oder gegenüber jemandem (Instanz) unter Berufung auf bestimmte Standards (Normhintergrund).»[64]

Geht man von diesem allgemeinen Konzept von Verantwortung als vierstelligem Relationsbegriff aus, liegt die Vermutung nahe, dass die Eigenart einer theologischen Konzeptualisierung desselben in erster Linie darin zum Ausdruck kommt, dass sie mit Gott als (einer weiteren) Instanz rechnet, der gegenüber ein Verantwortungssubjekt rechenschaftspflichtig ist. Darüber hinaus dürfte sich der eigentümliche Charakter einer theologisch-ethischen Konzeptualisierung von Verantwortung mitunter[65] auch auf die Bestimmung des Normhintergrundes auswirken, kaum aber auf die des Gegenstandes und auch nicht auf die des Subjektes, mit dem wir es ja bei der Frage nach der Möglichkeit einer genuin korporativen Verantwortung zu tun haben. Ein Blick in die wenigen theologisch-ethischen Arbeiten, die sich in der jüngeren Vergangenheit

---

[63] Vgl. Werner, Verantwortung, 542f.

[64] Werner, Verantwortung, 543. So auch Höffe, Moral, 23.

[65] Ob dies der Fall ist, hängt offensichtlich davon ab, ob die betreffende Autorin bzw. der betreffende Autor der Auffassung ist, es gebe ein inhaltlich qualifiziertes Spezifikum theologischer Ethik oder nicht.

überhaupt mit dieser Frage beschäftigt haben, bestätigt diese Vermutung, insofern diese sie als ein philosophisches oder jedenfalls nichttheologisches Problem betrachten und behandeln.

Doch welches sind die Voraussetzungen dafür, dass eine Entität aus philosophischer Sicht als Subjekt moralischer Verantwortung angesehen werden kann?[66] Meines Erachtens sind für «das klassische Modell der Verantwortung»[67] drei bzw. für moralische Verantwortung im Besonderen vier Bedingungen bestimmend in dem Sinne, dass sie gemeinhin je für sich als notwendig und zusammengenommen als hinreichend für die Zuschreibung von moralischer Verantwortung angesehen werden.[68] Gewöhnlich gehen wir davon aus, dass diese Bedingungen bei Erwachsenen unter normalen Umständen gegeben sind und ziehen einander dementsprechend gegebenenfalls für unsere Handlungen moralisch zur Rechenschaft. Manchmal ist eine dieser Bedingungen allerdings nur teilweise oder vielleicht auch gar nicht erfüllt, so dass von moralischer Verantwortung nur in einem verminderten Masse oder gar nicht die Rede sein kann. Sollen Korporationen als moralisch verantwortlich im Sinne dieser «unserer ethischen Praxis der Verantwortungszuschreibung»[69] gelten, so müssten sie freilich zumindest prinzipiell in der Lage sein, jede dieser vier Bedingungen bis zu einem gewissen Grade zu erfüllen.

Die erste dieser Voraussetzungen lässt sich als *Kausalität* bezeichnen, was nicht heisst, dass wir nur für das moralisch verantwortlich sind, was wir aktiv

---

[66] In der Moral- und Rechtsphilosophie wurde die Problematik traditionell unter dem Stichwort Imputation bzw. Imputabilität behandelt. Vgl. hierzu die Hinweise von Peters/Marquard/ Schreckenberger, Imputation; sowie Huxel, Zurechnung II; und Huxel, Zurechnungsfähigkeit.

[67] Bayertz, Eine kurze Geschichte, 14.

[68] Bayertz, Eine kurze Geschichte, 14, spricht von «drei wesentliche[n] Element[e][n]» und nennt: 1) Kausaliät, 2) «bestimmte subjektive Faktoren», zu denen er Intentionalität, Vorauswissen und Entscheidungs- und Handlungsfreiheit zählt, sowie 3) den Rekurs auf ein bestimmtes moralisches Wert- und Normengefüge. Anders als Bayertz geht es mir ausschliesslich um die generellen Bedingungen der möglichen Zuschreibung moralischer Verantwortung an ein Subjekt und nicht um die Berechtigung einer solchen Zuschreibung im konkreten Fall. Solche generellen Bedingungen formuliert im Anschluss an J. W. Cecil Turner wiederum Hart, Negligence, 140f., indem er drei Kriterien nennt: 1) Kausalität, 2) Freiheit und 3) Voraussicht. Fehlt bei Hart an dieser Stelle das Moment der Moral, auf das er an späterer Stelle verweist (s. o. Anm. 54), so taucht es in der Kriteriologie von Neuhäuser, Unternehmen, 56–70, von vornherein auf. Neuhäuser nennt 1) Kausalität, 2) Handlungs- und Willens-Freiheit sowie 3) Moralfähigkeit, während das Moment der Voraussicht bei ihm im Kriterium der Willensfreiheit aufgehoben ist. Ich selbst stimme hinsichtlich der Kriterien mit Hart und Neuhäuser überein, auch wenn ich in der Frage korporativer Verantwortung anderer Auffassung bin als Neuhäuser.

[69] Quante, Einführung, 177.

tun, nicht aber für das, was wir nicht tun, also unterlassen. Wenngleich umstritten ist, ob zwischen Tun und Unterlassen ein signifikanter moralischer Unterschied besteht,[70] so ändert dies doch nichts daran, dass wir durch Unterlassungen ebenfalls Einfluss auf unsere Umwelt nehmen können und für sie und die damit verbundenen Folgen deshalb genauso moralisch verantwortlich sind wie für unser Tun. Weil wir für Unterlassungen nur insoweit moralisch verantwortlich gemacht werden, als wir in der Lage gewesen wären, tatsächlich etwas zu tun, erscheint es angemessen, in diesem Zusammenhang von Kausalität zu sprechen.[71] Unbewegliche Objekte, wie z. B. Berge, kommen demgegenüber aus dem gleichen Grund prinzipiell nicht als Träger von moralischer Verantwortung in Betracht.

Kausalität ist zwar eine notwendige, für sich genommen jedoch keineswegs eine hinreichende Bedingung moralischer Verantwortung. Vielmehr müssen darüber hinaus noch andere Kriterien erfüllt sein, damit eine Zuschreibung von moralischer Verantwortung sinnvoll erscheint.[72] Ein weiteres Kriterium ist zweifellos *Freiheit*[73], wobei man zwischen Handlungs- und Entscheidungsfreiheit unterscheiden kann. Mit Handlungsfreiheit ist zunächst die Fähigkeit gemeint, das tun zu können, was man will. Eingeschränkt sind in dieser Hinsicht beispielsweise körperlich behinderte Personen oder solche, die physischem Zwang unterworfen sind. Wer beispielsweise blind oder gefesselt ist, und es deswegen versäumt, ein ertrinkendes Kind zu retten, dem wird man dies moralisch eben deshalb nicht zum Vorwurf machen, weil er in seiner Handlungsfreiheit eingeschränkt war. Aus ähnlichen Gründen sehen wir auch davon ab, einen Sturm, eine Lawine oder eine Maschine moralisch zur Rechenschaft zu ziehen. So mag eine Maschine zwar kausal für ein bestimmtes Unglück verantwortlich sein. Da sie jedoch nicht imstande ist, sich von selbst in Bewegung zu setzen, machen wir nicht sie, sondern diejenige Person für den entstandenen Schaden moralisch verantwortlich, die die betreffende Maschine bedient oder programmiert hat.

Handlungsfreiheit ist nicht dasselbe wie Entscheidungs- oder Willensfreiheit, und es ist denkbar, dass wir zwar frei wären das zu tun, was wir wollen, nicht jedoch hinsichtlich der der Handlung vorausgegangenen Bildung unseres Willens:

---

[70] Wichtig ist dies etwa im Hinblick auf eine unterschiedliche moralische Bewertung von aktiver und passiver Sterbehilfe.

[71] So Neuhäuser, Unternehmen, 58.

[72] Dem korrespondiert im angelsächsischen *Common Law* die Anforderung, wonach zum *actus reus*, zur begangenen Straftat also, die *mens rea* hinzutreten muss.

[73] So schon Aristoteles im Dritten Buch seiner Nikomachischen Ethik. Vgl. besonders Aristoteles, Ethik, 95–97 (NE 1110a–1110b).

«Der Handelnde ist dann in dem Sinne frei, dass er seine Ziele im Handeln umsetzen kann. Nur für diese Ziele selbst hat er sich nicht frei entschieden. Ihm fehlt mit anderen Worten, nicht die Freiheit zu handeln, wohl aber die Willensfreiheit.»[74]

Ein Beispiel, an das man in diesem Zusammenhang denken könnte, wäre ein Manager, dem man sensible Firmengeheimnisse abzupressen versucht, indem man ihm mit der Ermordung eines Familienmitgliedes droht. Ein solcher Manager könnte sich später rechtfertigen, indem er erklärt, dass er sich für die Preisgabe der betreffenden Daten entschieden habe, aber weil er in seiner Entscheidungsfindung nicht frei gewesen sei, habe er einfach keine andere Wahl gehabt. Streng genommen trifft dies freilich nicht zu. Denn so verständlich die Entscheidung des erpressten Managers in einem solchen Fall auch sein mag, so trifft es trotzdem nicht zu, dass er gar keine andere Entscheidungsmöglichkeit gehabt hätte. Das soll nicht heissen, dass er sich anders hätte entscheiden und damit seine Familie gefährden sollen, sondern nur, dass er auch die Möglichkeit gehabt hätte, sich für diese Alternative zu entscheiden:

«Um Willensfreiheit auszuschliessen, muss [...] unterstellt werden, dass der Handelnde keine Möglichkeit hat, sich gegen die Absichten, Wünsche oder Zwecke zu entscheiden, die er faktisch hat. Dies geht über die Bedingung, dass er überwältigende Gründe dafür hat, sich auf eine bestimmte Weise zu entscheiden, hinaus.»[75]

Doch genau dies ist dem eben skizzierten Beispiel nicht gegeben. Um sich darüber klar zu werden, wann dies der Fall ist, empfiehlt es sich, stattdessen von «unserer ethischen Praxis der Verantwortungszuschreibung» auszugehen.[76] Dann zeigt sich, dass wir die Zuschreibung von moralischer Verantwortung

---

74 Quante, Einführung, 169.
75 Quante, Einführung, 169.
76 Ausgeschlossen wäre die Möglichkeit, sich gegen die eigenen Wünsche zu entscheiden allem Anschein nach auch dann, wenn der Determinismus Recht hätte und der Wille kausalen Gesetzmässigkeiten unterläge, so dass alles Wollen vorherbestimmt wäre. Dieser Auffassung sind zumindest die so genannten Inkompatibilisten, die den Determinismus für unvereinbar mit der Annahme einer metaphysischen Willensfreiheit halten – eine These, die von Kompatibilisten freilich bestritten wird (einen ersten Einblick in diese Debatte vermittelt Wildfeuer, Freiheit). – Hier können wir diese ebenso alte wie komplexe und schwer zu entscheidende Streitfrage, die durch die Neurowissenschaften in den vergangenen Jahren neue Nahrung erhalten hat, allerdings auf sich beruhen lassen, indem wir von «unserer ethischen Praxis der Verantwortungszuschreibung» und davon ausgehen, welches Verständnis von Entscheidungsfreiheit darin vorausgesetzt wird. Denn nur, wenn diese Praxis als gegeben vorausgesetzt wird, ist es überhaupt sinnvoll zu untersuchen, an welche Bedingungen die Zuschreibung von moralischer Verantwortung innerhalb dieser Praxis gebunden ist und ob Korporationen imstande sind, diese Bedingungen zu erfüllen.

nicht davon abhängig machen, dass jemand seine Entscheidungen vollkommen willkürlich zu fällen vermag – dies erschiene uns im Gegenteil eher bedenklich –, sondern davon, dass diese Person in der Lage ist, sich anhand von Vernunftgründen zu orientieren. Tut sie dies nicht, zweifeln wir dagegen an ihrer Selbstbestimmung:

> «Wir halten eine Person, die sich stets gegen offenkundig besser begründete Alternativen entscheidet, oder einen Menschen, der sich immer zugunsten kurzfristiger Bedürfnisse und gegen seine langfristigen Interessen entscheidet, nicht für rational und schätzen diesen Mangel an Rationalität als Einschränkung seiner Freiheit ein [...] Ein Blick auf unsere Praxis der Verantwortungszuschreibung zeigt uns, dass wir solche Fälle als unfrei ansehen, in denen der Handelnde oder diejenigen, welche die Handlung bewerten, Grund zu der Annahme haben, dass der Handelnde in seinem Überlegen und Entscheiden das für Menschen normale Mass an kritischer Einsicht und Beherrschung nicht aufbringen konnte.»[77]

Interpretiert man Entscheidungsfreiheit in diesem Sinne als Orientierung an Vernunftgründen, dann bedeutet dies, dass es die Fähigkeit zu *vernünftiger Überlegung* ist, die eine dritte Bedingung für die Zurechnung von moralischer Verantwortung darstellt, während ein Mangel an oder ein Fehlen von Rationalität sich negativ auf die Möglichkeit einer solchen Zurechnung auswirkt.[78] Dann geht es nicht darum, ob jemand eine andere Wahl gehabt hätte, sondern darum, dass es ihm zeitweilig oder grundsätzlich an der Fähigkeit fehlt, eine vernünftige Entscheidung zu fällen. Letzteres ist bei Tieren, Kleinkindern oder dementen Menschen der Fall, und das ist auch der Grund, weshalb wir heute[79] prinzipiell davon absehen, sie für das, was sie tun oder unterlassen, zur Verantwortung zu ziehen.

Die vierte und letzte Bedingung schliesslich ist Moralfähigkeit. Nur Wesen, die für moralische Gründe empfänglich und dazu imstande sind, sich moralisch zu verhalten, können auch verantwortlich in einem spezifisch moralischen

---

77 Quante, Einführung, 177.

78 Dementsprechend bildet die Vernunftfähigkeit für Kant eine Voraussetzung für die Zuschreibung von moralischer Verantwortung: «Person ist dasjenige Subjekt, dessen Handlungen einer Zurechnung fähig sind. Die moralische Persönlichkeit ist also nichts anders, als die Freiheit eines vernünftigen Wesens unter moralischen Gesetzen» (Kant, Metaphysik, 328 [MdS, AB 22]. Vgl. dazu auch die Überlegungen von Aristoteles über die Einschränkung der Verantwortlichkeit aufgrund von Unwissenheit in Aristoteles, Ethik, 98–100 (NE 1110b-1111a).

79 Dass das nicht immer so war – Tiere konnten beispielsweise noch im Mittelalter vor Gericht gestellt und verurteilt werden – und dass das uns heute selbstverständlich erscheinende Modell der Verantwortung das Ergebnis eines geschichtlichen Lernprozesses ist, hebt Bayertz, Eine kurze Geschichte, 6f., hervor.

Sinne sein. Neuhäuser ist in dieser Hinsicht der Auffassung, dass es ausreichend ist, wenn moralische Akteure imstande sind, «die moralische Sprache zu verstehen, um den moralischen Standpunkt einnehmen zu können; was ihre wahren Motive sind, braucht praktisch nicht zu interessieren»[80]. Aus kantianischer Sicht dürfte diese Interpretation allerdings zu anspruchslos sein, hängt die Moralität einer Handlung nach Kant doch davon ab, dass sie nicht lediglich moralkonform erfolgt, sondern auch aus den richtigen moralischen Gründen vollzogen wird.[81] Für Konsequentialistinnen und Konsequentialisten, die sich in erster Linie für die Folgen einer Handlung interessieren, gilt dies zwar nicht in gleicher Weise. Gleichgültig sind die hinter ihr stehenden Motive freilich auch ihnen nicht, insofern sie davon ausgehen, dass Motive die Folgen einer Handlung massgeblich beeinflussen.[82] Von daher spricht einiges dafür, das Kriterium der Moralfähigkeit so zu interpretieren, dass es die Fähigkeit einschliesst, *aus* moralischen Gründen zu handeln.

Zusammenfassend lässt sich somit festhalten, dass die Zuschreibung von moralischer Verantwortung klassischerweise an vier Voraussetzungen gebunden ist, nämlich *Kausalität, Handlungsfreiheit, Rationalität* und *Moralfähigkeit*[83]. Bis vor nicht allzu langer Zeit herrschte die Auffassung vor, nur natürliche Personen würden diese Voraussetzungen erfüllen und könnten für ihre Handlungen moralisch verantwortlich gemacht werden, nicht aber Kollektive und Korporationen.[84] Mehr noch, die Idee kollektiver Verantwortung galt als eine

---

[80]   Neuhäuser, Unternehmen, 67.

[81]   Anderer Auffassung sind in diesem Punkt allerdings Dubbink/Smith, Political Account. Vgl. dazu die Auseinandersetzung mit Dubbink und Smith unten S. 48–55 in diesem Buch.

[82]   Hare, Ethical Theory, 32f., etwa unterscheidet zwischen Rationalität, Richtigkeit und Güte einer Handlung, wobei sich letztere für ihn an den Motiven des Handelnden bemisst, und nimmt weiter an, dass die Güte und die sich an der Übereinstimmung mit bestimmten Prima-facie-Prinzipien bemessende Rationalität einer Handlung in der Regel miteinander korrespondieren.

[83]   Auch wenn das Kriterium im Katechismus der katholischen Kirche, der an dieser Stelle das Schreiben «Reconciliatio et paenitentia» Johannes Paul II. von 1983 zitiert, das Kriterium der Handlungsfreiheit nicht ausdrücklich benennt, stimmt er mit diesen Bedingungen doch grundsätzlich überein, wenn er erklärt, eine Todsünde, sei eine Sünde, «die eine schwerwiegende Materie zum Gegenstand hat und die dazu mit vollem Bewusstsein und bedachter Zustimmung begangen wird» (Katechismus, Nr. 1857). Pettit, Responsibility, 174f., bzw. List/Pettit, Group Agency, 155, knüpfen in ihrer Konzeption interessanterweise an den Katechismus der Katholischen Kirche an.

[84]   Zu denen, die nach wie vor dieser Auffassung sind, gehören Manuel Velasquez (vgl. Velasquez, Why Corporations; und ders., Debunking) und Julian Nida-Rümelin (vgl. Nida-Rümelin, Verantwortung, 130–141).

archaische, geradezu barbarische[85] und glücklicherweise überwundene Vorstellung[86] – eine Einschätzung, die in den Sozialwissenschaften ihren Niederschlag in Gestalt des methodologischen Individualismus gefunden hat, dem zufolge nur menschliche Individuen handeln können.[87]

Ganz ähnlich stellt sich die Situation in der theologischen Ethik dar. Wie in der Philosophie war man auch hier zu der Überzeugung gelangt, die Idee kollektiver (und mit ihr auch korporativer) Verantwortung sei ein zu überwindendes Relikt vergangener Zeiten:

> «In der Aufstellung einer kollektiven Verantwortung und entsprechend einer kollektiven Schuld versucht man primitive religiöse Vorstellungen wiederzubeleben und macht ein metaphysisches Hokuspokus mit der Gemeinschaft von Sippe, Nation oder Rasse, durch das der einzelne mitschuldig und mitverantwortlich an den Handlungen anderer wird.»[88]

Bereits als man im Mittelalter begann, Kollektive juristisch als Personen aufzufassen und sie wie wirkliche Personen zu bestrafen und zu exkommunizieren, verbot Papst Innozenz IV. 1246 diese Praxis auf dem Konzil von Lyon, indem er erklärte, es handle sich bei einer solchen «universitas» um ein «blosses *nomen intellectuale* und unkörperliches Ding»[89]. Unterstützt wurde der Papst in dieser Hinsicht durch Thomas von Aquin, und zwar sowohl aus philosophischen als auch aus theologischen Gründen: Zum einen sind nach Thomas nur Individuen imstande zu handeln und zum anderen orientiert sich Gottes Urteil seiner Auffassung nach an der persönlichen Verantwortung des Einzelnen.[90]

Tatsächlich besteht Grund zu der Annahme, dass die christliche Theologie wesentlich dazu beigetragen hat, dass moralische Verantwortung von Anfang an als ein individuelles Phänomen verstanden wurde, obgleich die Einflüsse in vorchristliche Zeit zurückreichen (beispielsweise Deuteronomium 24,16;

---

[85] Lewis, Collective Responsibility, 17, spricht von der «babarious notion of collective or group responsibility» und erklärt: «Responsibility belongs essentially to the individual».

[86] Vgl. Bayertz, Eine kurze Geschichte, 7.

[87] Programmatisch formuliert hat diesen Grundsatz Weber, Wirtschaft, 6.

[88] Løgstrup, Die ethische Forderung, 51f.

[89] Kantorowicz, Die zwei Körper, 309, wo es weiter heisst: «Wie spätere Kanonisten dazu sagten, konnte so etwas nicht verdammt werden, denn es hatte ja keine Seele, so wenig es enthauptet werden konnte, denn hatte ja keinen Körper. Deshalb war die personifizierte *universitas* nur eine imaginäre *persona representata* oder eine *persona ficta*». Zum Dekret des Papstes vgl. auch Eschmann, Studies, 8–10.

[90] Vgl. hierzu wiederum die ausführliche Darstellung und Interpretation von Eschmann, Studies.

Sirach 15,14).[91] Doch wenn die Vermutung Georg Pichts zutrifft, dann ist es v. a. das Christentum gewesen, das durch den Gedanken einer eschatologischen Rechtfertigung vor dem göttlichen Richterstuhl für eine Übertragung des Verantwortungsbegriffs vom Recht auf die Moral gesorgt hat:

«Erst aus der Erwartung dieses letzten Gerichtes konnte der Gedanke entspringen, dass das menschliche Leben insgesamt der Vorbereitung auf diese letzte ‹Verantwortung› dienen müsse. Der Begriff der Verantwortung ist demnach als moralischer Begriff christlichen Ursprungs, genauer gesagt: er ist ein eschatologischer Begriff.»[92]

Zugleich sei damit, so Picht, die Voraussetzung dafür geschaffen worden, dass Verantwortung als etwas zutiefst Individuelles begriffen wurde. Denn nicht nur auf das äussere Verhalten, sondern auf die innere Haltung komme es nach christlichem Verständnis vor Gott an. Als Ort aber, wo sich der Einzelne hierüber Rechenschaft ablege, werde in der Theologie seit Augustin das Gewissen angesehen:

«Der durch das Gewissen eröffnete Innenraum der einzelnen Seele ist als der Ort der Heilsgewissheit zugleich der Bereich, in dem die christliche Ethik, so wie die Überlieferung sie versteht, ihren Sitz hat. Die Ethik wurde deshalb stets als Individualethik verstanden. Als moralisch galt primär nicht das Handeln und nicht das Verhalten, sondern die Entscheidung, die dem Handeln und dem Verhalten zugrunde liegt; die Kategorie der Entscheidung musste sich vordrängen, weil menschliches Dasein vom Endgericht her verstanden wurde, weil also unter der Frage nach der Heilsgewissheit jeder Gedanke und jeder Akt die Glaubensentscheidung ausspricht oder verleugnet, an die das Heil der Seele gebunden ist.»[93]

Auch wenn die ethische Relevanz sozialer Strukturen innerhalb der theologischen Ethik heute längst anerkannt ist, versteht diese sich doch nach wie vor in aller Regel als Individualethik im Sinne der Terminologie Pichts: Für sie bleibt das Individuum letzten Endes der einzig mögliche Träger moralischer Verantwortung, weil sie die Fähigkeit, Entscheidungen zu treffen und handeln

---

[91] Der Gedanke einer Kollektivschuld widerspricht dem nur teilweise, insofern dieser, wie Schmid, Kollektivschuld, argumentiert, seinen «Sitz im Leben» nicht im «Strafrecht», wo von Anfang an das Prinzip der Individualhaftung galt, sondern in der «Geschichtstheologie» hat. Kaminsky, Corporate Responsibility, betont demgegenüber die Mitverantwortlichkeit der Gemeinschaft für die Taten des Individuums, ohne damit freilich die Vorstellung einer genuin kollektiven oder korporativen Verantwortung zu postulieren.

[92] Picht, Begriff, 319.

[93] Picht, Begriff, 321.

zu können,[94] Intentionen zu besitzen,[95] eine Beziehung zu Gott[96] oder ein Gewissen zu besitzen,[97] als Voraussetzung bzw. Voraussetzungen von Verantwortlichkeit versteht.[98]

Angesichts des zu Beginn dieses Abschnitts skizzierten Problems möglicher Verantwortungslücken mehren sich allerdings auch innerhalb der theologischen Ethik die Stimmen derjenigen, die eine Verantwortlichkeit von Korporationen postulieren.[99] Weil die Problematik korporativer Verantwortung innerhalb des Faches jedoch bis heute kaum auf Interesse gestossen und die diesbezügliche Literatur aus der allgemeinen Unternehmensethik durch die theologische Wirtschaftsethik dementsprechend wenig rezipiert worden ist, mangelt es bislang allerdings an einer jener Diskussion Rechnung tragenden Begründung dieses Postulats.[100]

---

94 Vgl. Herms, Der religiöse Sinn, 242f.

95 Vgl. Härle, Ethik, 98f.

96 Huber, Sozialethik, 149.

97 Aus diesem Grund weist Kress, Verantwortung, 1661, den Gedanken, es könne «Kollektivsubjekte» geben, explizit zurück: «Nach wie vor gilt, dass die genuin ethische V[erantwortung] sich stets nur einzelnen Menschen und ihrem Gewissen zurechnen lässt.»

98 Sozialpsychologisch argumentiert darüber hinaus Reinhold Niebuhr, wenn er die Auffassung vertritt, grossen Gruppen wie Staaten oder Klassen mangele es grundsätzlich an Moralität, da sie von egoistischen Interessen bestimmt würden und diese nicht wie Individuen zu kontrollieren in der Lage seien. Vgl. Niebuhr, Moral Man.

99 Vgl. z. B. McCoy, Ethik; oder Fischer, Grundkurs, 392f.

100 So berücksichtigt Arthur Richs Auseinandersetzung mit dem strukturell Bösen im Bereich der Wirtschaft, die kurz nach der Veröffentlichung von Frenchs Aufsatz im Jahr 1979 erschien, die Überlegungen von French nicht (vgl. Rich, Sachzwänge). Rich vertritt die Ansicht, dass es strukturelle Zwänge und strukturell Böses in der Wirtschaft gibt; demgegenüber bleiben Schuld und Verantwortung für ihn aber offenbar rein individuelle Kategorien. Lange, Ethik, 350–363, spricht in Bezug auf Kollektive seinerseits von einer gemeinsamen, abgeleiteten bzw. sekundären Verantwortung, ohne dabei explizit auf die Arbeit von Werhane, Persons, Bezug zu nehmen. Durch die Interaktion individueller Subjekte kann seines Erachtens zwar ein «kollektives Handlungssubjekt» (358f.) entstehen; jedoch könne nur «das individuelle Gewissen […] zur Rechenschaft gezogen werden», da «allein» dieses «der ursprüngliche Sitz des Ethischen» sei (362f.). Ähnlich wie Lange ist Honecker, Individuelle Schuld, der Auffassung, Kollektive und auch Korporationen, könnten moralisch zur Verantwortung gezogen werden – wohl weil durch die Interaktion innerhalb eine Gruppe eine «gemeinsame Verantwortung» (145) entsteht –, ohne dass sie «im strengen Sinne» sündigen würden. Zugleich wendet er sich gegen eine in seinen Augen problematische Personifizierung oder Hypostatisierung von Unternehmen (136). Demgegenüber begründet Schweiker, Responsibility, 181–185, die moralische Verantwortung von Korporationen damit, dass sie wie Individuen die Fähigkeit zu radikaler Selbstinterpretation und damit eine moralische Identität besitzen. Seines Erachtens begründet die solchermassen konstituierte moralische Identität die moralische Verantwortlichkeit, wobei offen bleibt, inwiefern eine Korporation selbst (und nicht ihre Mitglieder) zu

2.2 Konzepte korporativer Verantwortung

Mitunter reden wir so, als trügen Unternehmen wie Nestlé oder Novartis die moralische Verantwortung für gewisse Missstände. Dennoch glaube ich, dass die Vorstellung, Unternehmen könnten als solche für etwas moralisch verantwortlich sein, den meisten Menschen im Grunde fremd ist. Tatsächlich schreiben wir im Alltag nur individuellen Personen moralische Verantwortung zu. Wir gehen nämlich für gewöhnlich davon aus, dass nur sie über jene Eigenschaften verfügen, die eine solche Zuschreibung ermöglicht, während dies auf Naturgewalten, Maschinen und andere Dinge, auf Pflanzen und Tiere oder auf kollektive und korporative Entitäten nicht zutrifft. Innerhalb der philosophischen Wissenschaft sieht die Situation dagegen insofern etwas anders aus, als hier seit einigen Jahren nicht nur eine intensive Diskussion über die Frage kollektiver Intentionalität geführt wird. Wachsender Zustimmung erfreut sich darüber hinaus insbesondere die These korporativer Verantwortlichkeit. Ob es gute Gründe für diese These gibt, möchte ich im Folgenden vor allem anhand von vier Vorschlägen diskutieren.[101] Zwei von ihnen haben die Debatte in der Vergangenheit stark beeinflusst, bei den beiden anderen handelt es sich um originelle Beiträge jüngeren Datums handelt.

Moralische Personen bzw. Akteure

Der erste Vorschlag stammt von Peter French, der 1979 den Anstoss zur Debatte gab, indem er die These vertrat, Korporationen seien nichts anderes als «vollwertige moralische Personen»:

> «[C]orporations can be full-fledged moral persons and have whatever privileges, rights and duties as are, in the normal course of affairs, accorded to moral persons.»[102]

---

dieser radikalen Selbstinterpretation in der Lage ist. Während Grosse, Wirtschaft, 274–294, das Problem zwar ausführlich behandelt und in Anlehnung an Günter Ulrich und Georges Enderle ebenfalls für die Annahme korporativer Verantwortlichkeit plädiert, sich dabei allerdings mit den einschlägigen Gegenargumenten nicht wirklich auseinandersetzt, ähnelt die von Fetzer, Verantwortung, 102–162, in seiner Untersuchung vertretene These insofern der von Peter French, als Korporationen seines Erachtens sowohl Personalität besitzen, als auch die für die Zuschreibung von moralischer Verantwortung erforderlichen Kriterien erfüllen.

[101] Über die im Folgenden diskutierten Vorschläge hinaus gibt es noch eine ganze Reihe anderer Modelle. Vgl. hierzu Maring, Kollektive und korporative Verantwortung, 264–301, der vierzehn Modelle korporativer Verantwortung untersucht.

[102] French, Corporation, 207. Ausführlicher hat French seine These 1984 entwickelt: French, Collective *and* Corporative Responsibility.

French ist also der Ansicht, Korporationen seien nicht bloss juristische Fiktionen, sondern moralische Personen, die dieselben Rechte und Pflichten besitzen wie natürliche Personen. Ebenso wie diese sollten sie deshalb als mögliche Subjekte moralischer Verantwortung angesehen werden.

Dabei geht French davon aus, dass Personalität auf Handlungsfähigkeit als einer notwendigen und hinreichenden Bedingung basiert, wobei er sich auf den Handlungsbegriff Donald Davidsons beruft und Handlungsfähigkeit ihrerseits an die Zuschreibung von Intentionalität koppelt.[103] Entscheidend für French ist demnach, ob man Korporationen berechtigterweise Intentionen zuschreiben kann. Ist dies der Fall, dann hat man es seines Erachtens auch mit Personen im moralischen Sinne und damit zugleich mit möglichen Trägerinnen von moralischer Verantwortung zu tun

> «To be the subject of an ascription of moral responsibility, to be a party in responsibility relationships, hence to be a moral person, the subject must be at minimum an intentional actor. If corporations are moral persons they will evidence a noneliminatable intentionality with regard to the things they do.»[104]

Weil French vom Begriff der Person ausgeht und seine Aufgabe darin sieht darzulegen, dass Korporationen aufgrund ihrer Personalität als Träger moralischer Verantwortung betrachtet werden können, konzentriert er sich auf den Aspekt der Intentionalität. Andere mögliche Bedingungen moralischer Verantwortlichkeit untersucht er demgegenüber nicht systematisch.

Tatsächlich glaubt French zeigen zu können, dass nicht nur die natürlichen Personen, die innerhalb eines Unternehmens und für dieses handeln, Intentionen besitzen, sondern auch das Unternehmen als solches, und er verweist zu diesem Zweck auf deren Entscheidungsstrukturen und -prozeduren. Jede Korporation, so das zentrale Argument Frenchs, verfügt über eine bestimmte *Corporate Internal Decision Structure* (CID-Structure), die es ihr ermöglicht, Intentionen zu bilden, die sich nicht einfach auf die Intentionen der in ihnen agierenden natürlichen Personen reduzieren lassen. Dabei basiert eine CID-Struktur nach French im Wesentlichen auf zwei Elementen: einem «Organisations- oder Verantwortungsablaufdiagramm» sowie bestimmten «Anerkennungsregeln» für korporative Regeln, den *policies* und *procedures*.[105] Das Organigramm stellt für French so etwas wie die Grammatik einer Korporation

---

[103] Vgl. French, Corporation, 211 und 215.
[104] French, Collective *and* Corporative Responsibility, 38.
[105] Zu CID-Strukturen vgl. French, Collective *and* Corporative Responsibility, 48–66.

dar, indem sie Zuständigkeiten innerhalb der Organisation festlegt,[106] und zwar unabhängig davon, ob diese nun funktional, divisional oder in Form einer Matrix-organisation strukturiert ist:

> «The key point is that the chart clarifies the authority of the actual decision-maker and, of course, identifies the levels and offices to which he must report, to whom or which he is responsible, and form whom or which he may expect the credit or the blame, the reward or the punishment after the actions have occurred. These responsibility entanglements as represented on the flowchart partially ensure the corporate character of actions taken, policies and procedures adopted.»[107]

Ein Blick in das Organigramm einer Korporation reicht freilich nicht aus, um dieser bestimmte Intentionen und Handlungen als ihre eigenen zuschreiben zu können. Hierzu bedarf es, so French, darüber hinaus der Übereinstimmung mit bestimmten Anerkennungsregeln. Nur in Anbetracht solcher Anerkennungsregeln, die gewissermassen die Logik einer Organisation ausmachen würden, könne man erkennen, ob es sich tatsächlich um die Handlung einer Organisation handelt oder um Handlungen von Individuen, die vielleicht der irrigen Ansicht sind, in ihrem Sinne zu agieren.[108] Auskunft hierüber geben die vor allem in den grundlegenden Dokumenten einer Korporation niedergelegten prozeduralen und strategischen Anerkennungsregeln, aber auch die Handlungsmuster, die diese in der Vergangenheit an den Tag gelegt hat.[109]

Organigramm und Anerkennungsregeln zusammen machen die CID-Struktur einer Korporation aus und sorgen dafür, so die These Frenchs, dass bestimmte Handlungen nicht nur als Handlungen eines oder mehrerer Individuen, sondern zugleich auch als Handlungen der betreffenden Korporation beschrieben werden können, wie er am fiktiven Beispiel des Beitritts der Gulf Oil Corporation zu einem weltweiten Uran-Kartell zu verdeutlichen versucht:

---

[106] Dass daneben oder stattdessen auch informelle Strukturen existieren, ist French durchaus bewusst. Da es für sein Argument lediglich darauf ankommt, dass es solche Strukturen gibt, nicht aber, ob sie formeller oder informeller Art sind, wird dieses durch das Vorkommen informeller Strukturen nicht beeinträchtigt.

[107] French, Collective *and* Corporative Responsibility, 51.

[108] Vgl. French, Collective *and* Corporative Responsibility, 53.

[109] Letzteres gilt, wie French zu Recht bemerkt, weniger für die *procedures*, als vielmehr für die *policies* der betreffenden Organisation: «The identity of the central policies of any particular corporation could only be revealed through a careful study of actual corporate behavior over a period of time. Written statements may be indicative or they may only be window dressing. Acceptance among the corporate personnel or the higher managerial officers determines the content of the policy recognitors» (French, Collective *and* Corporative Responsibility, 62).

«Within the Gulf CID Structure we find the conjunction of rules that tell us that when the occupants of positions A, B, and C on the organizational chart unanimously vote to do something that is consistent with an instantiation or an implementation of general corporate policy and ceteris paribus, Gulf Oil Corporation has decided to do it for corporate reasons. The event of those executives is then redescribable as ‹the Gulf Oil Corporation decided to join the cartel for reasons consistent with basic policy of Gulf Oil, e.g. increasing profits,› or simply as ‹Gulf Oil Corporation intentionally decided to join the cartel.› [...] Regardless of the personal reasons the executives have for voting as they do, and even if their reasons are inconsistent with established corporate policy or even if one of them has no reason at all for voting as he does, the corporation still has reasons for joining the cartel, that is, joining is consistent with the inviolate corporate general policies, as encrusted in the precedent of previous corporate actions, and its statements of purpose as recorded in its certificate of incorporation, annual reports etc.»[110]

Aufgrund ihrer CID-Struktur können Unternehmen demnach Intentionen bilden und handeln, und auch wenn sie dabei auf ihre Mitglieder angewiesen sind, so kann die Handlung doch ihnen selbst zugerechnet werden, sofern sie im Einklang mit den *policies* und *procedures* der Firma steht.

Während French anfangs die Auffassung vertrat, dass Unternehmen als Personen angesehen und wie natürliche Personen behandelt werden sollten, weil er Intentionalität als notwendige und hinreichende Bedingung für Personalität betrachtete, hat er dies später revidiert. Seine Gleichsetzung von Korporationen und natürlichen Personen wurde nicht zuletzt deshalb kritisiert, weil natürliche Personen (zumindest in kantischer Tradition) als Zweck an sich gelten, während Korporationen zu bestimmten Zwecken geschaffen werden, und weil moralische Rechte im Unterschied zu juridischen in der Regel als generische betrachtet werden, was im Hinblick auf juristische Personen zumindest fragwürdig erscheint. Inzwischen verzichtet French auf den Personbegriff und bezeichnet Korporationen stattdessen als Akteure oder Agenten.[111]

---

[110] French, Collective *and* Corporative Responsibility, 44f.
[111] Vgl. French, Corporate Ethics, 10. – Auf den Personbegriff zu verzichten, empfiehlt auch Fetzer, Verantwortung 138f., obwohl er eigentlich davon überzeugt ist, dass es angemessen wäre, Unternehmen als Personen zu bezeichnen. Er befürchtet nämlich, dass dessen Anwendung auf Korporationen die mit dem Begriff verbundene Schutzwirkung in anderen Kontexten schmälern würde. Fetzer verweist in diesem Zusammenhang auf Peter Singer und seine Forderung nach einer Beschränkung des absoluten Lebensschutzes.

Gewandelt hat sich darüber hinaus auch Frenchs Verständnis von Intentionalität, insofern er sich in dieser Hinsicht nicht mehr an Donald Davidson, sondern an Michael Bratman orientiert, indem er Intentionen nicht länger als eine Kombination von Überzeugungen und Wünschen, sondern intentionale Handlungen als Ausdruck von Plänen begreift, ohne dass dies in seinen Augen etwas an der Möglichkeit ändern würde, Korporationen Intentionen zuschreiben zu können. Tatsächlich, so erklärt French, sei das Gegenteil der Fall. Denn während man mit Recht bestreiten könne, dass Firmen Überzeugungen und Wünsche haben,[112] besteht für ihn kein Zweifel daran, dass die Ausarbeitung von Plänen ein zentrales Element dessen ist, was Firmen tun, während die CID-Struktur in seinen Augen nach wie vor dafür verantwortlich ist, dass solches Handeln der Korporation selbst und nicht deren Mitgliedern zurechenbar ist.[113]

Während French somit nach wie vor der Überzeugung ist, dass Firmen intentional zu handeln vermögen, indem sie Pläne fassen und verfolgen, und deshalb, wenn auch nicht moralische Personen, so doch moralische Akteure und damit Subjekte moralischer Verantwortung sein können, halten Autoren wie Manuel Velasquez und Julian Nida-Rümelin[114] diese Argumentation für unzureichend. Von intentionalem Handeln im eigentlichen Sinne des Wortes kann ihres Erachtens nämlich nur bei Entitäten gesprochen werden, die einen Körper und einen Geist besitzen. Eben dies aber sei bei Korporationen trotz ihrer CID-Strukturen offensichtlich nicht der Fall, weshalb von Intentionalität bei ihnen nur in einem metaphorischen Sinne die Rede sein könne:

> «The problem with French's claim, however, is that there is nothing about procedures and policies that can enable them to transform a metaphorical intention into a real one. Procedures and policies, however simple or complex, cannot create group mental states or group minds in any literal sense.»[115]

---

[112] Vgl. French, Integrity, 149: «Corporations cannot, in any normal sense, desire and believe […] I am now prepared to say that if intention is no more than desires and beliefs, then corporations will fail to make it as intentional actors.»

[113] Vgl. French, Integrity, 150–152.

[114] Vgl. Nida-Rümelin, Verantwortung, 136, Anm. 50: «Korporationen sind im üblichen Sinne keine Akteure, sie handeln oder entscheiden nicht, sie haben keine Gefühle und kein Gewissen. Moralische Einstellungen sind gegenüber Korporationen unangemessen. Korporationen haben keine Gründe, etwas zu glauben oder etwas zu tun, sie haben keine mentalen Eigenschaften und sind daher keine verantwortlichen Akteure.»

[115] Velasquez, Debunking, 546.

Weil Unternehmen anders als natürliche Personen weder Intentionen ausbilden noch handeln können,[116] wäre es nach Velasquez demnach falsch, ihnen moralische Verantwortung in einem mehr als nur uneigentlichen Sinne zuzuschreiben. Geht man mit Velasquez und Nida-Rümelin davon aus, dass intentionales Handeln den Besitz eines Körpers und eines Geistes zur Voraussetzung hat, dann dürfte klar sein, dass Korporationen hierzu nicht in der Lage sind und somit auch nicht als Trägerinnen von moralischer Verantwortung infrage kommen. Denn egal wie mächtig Korporationen uns auch erscheinen mögen, sie verfügen offenkundig trotz ihres Einflusses weder über einen Körper noch über einen Geist. Klar ist allerdings auch, dass all diejenigen, die der Auffassung sind, Korporationen könnten tatsächlich und nicht bloss in einem uneigentlichen Sinne moralisch verantwortlich gemacht werden, bestreiten, dass man von dieser Voraussetzung ausgehen darf, auch wenn sie intuitiv einleuchtend erscheinen mag. Wie plausibel es ist, von dieser Voraussetzung abzusehen, möchte ich zu einem späteren Zeitpunkt diskutieren.[117] Im Folgenden gehe ich zunächst einmal davon aus, dass intentionales Handeln nicht an Körper und Geist gebunden ist, und untersuche, ob die unter Absehung von dieser Voraussetzung entwickelten Konzeptionen korporativer Verantwortung ansonsten zu überzeugen vermögen.

Nicht der Fall ist dies m. E. bei Denis Arnold, der wie French an Bratmans Theorie geteilter Intentionalität anknüpft, um sie für die These korporativer Verantwortung fruchtbar zu machen.[118] Zwar weist Arnold mit Recht darauf hin, dass geteilte Intentionen im Sinne Bratmans kein Bewusstsein besonderer Art voraussetzen, in dem diese Intentionen ihren Sitz haben. Allerdings stellt sich damit zugleich die Frage, inwiefern geteilte Intentionen, die ihren Sitz einzig und allein im Bewusstsein derjenigen haben, die sie teilen, mit Recht (auch) einem Kollektiv zugeschrieben werden können. Arnold rekurriert an dieser Stelle auf die CID-Struktur von Korporationen,[119] doch bleibt unklar,

---

[116] Vgl. Velasquez, Debunking, 543: «[T]he corporate organization acts only if, and to the extent that, its individual members bring about those actions. If the members of the organization do nothing, then the corporate organization does nothing. Every organizational act, therefore, including those that cannot be predicated of its individual members (and those that are not ‹reducible› to acts of individuals), is nevertheless causally produced by the organization's members.»

[117] Siehe unten 49–55.

[118] Vgl. Arnold, Corporate Moral Agency.

[119] Arnold, Corporate Moral Agency, 291: «As with shared intentions, corporate intentions are neither a set of individual mental states, nor the mental state of some superagent. Corporate intentions are states of affairs consisting of both the intersecting attitudes of the class of agents comprising the corporations and the internal decision structure of the organization. The CID

weshalb eine solche Struktur, die im Grunde wie ein Informationsverarbeitungssystem funktioniert, das von Individuen programmiert wurde, von deren Inputs abhängig bleibt und von selbst keinerlei Prozesse initiieren, sondern nur ihrem Design entsprechend funktionieren kann, über die für die Zuschreibung von moralischer Verantwortung notwendige Freiheit verfügen soll.[120]

Korporationen können offenkundig nicht in derselben Weise etwas intendieren und verursachen wie natürliche Personen.[121] Tatsächlich sind sie zu diesem Zweck auf natürliche Personen angewiesen, so dass zumindest diesbezüglich ein gravierender Unterschied zwischen unserem und ihrem Handeln existiert. Während diese Differenz in Frenchs und in Arnolds Konzeption korporativer Verantwortung überspielt wird, ist sie für den Vorschlag Patricia Werhanes von zentraler Bedeutung. Mit ihm möchte ich mich im folgenden Abschnitt befassen.

Sekundäre Akteure

Nach Patricia Werhane können Korporationen zwar nicht selbstständig, wohl aber in einem sekundären Sinne handeln und als sekundäre Akteure für ihr Handeln auch eine moralische Verantwortung übernehmen.[122] Auf diese Weise

---

structure serves as the frame upon which the attitudes of board member, executives, managers, and employees are interwoven to form corporate intentions.»

[120] Der gleiche Einwand trifft auch die von Pettit, Responsibility bzw. List/Pettit, Group Agency vertretene Konzeption, insofern eine Korporation oder Gruppe auch durch ihre Verfassung in Wirklichkeit keine Kontrolle über ihr eigenes Handeln ausübt, wie Pettit, Responsibility, 187–192, bzw. List/Pettit, Group Agency, 159–163 im Blick auf die dritte von ihnen formulierte Bedingung für moralische Verantwortlichkeit glauben machen wollen.

[121] Die Bedeutung dieses Umstandes überspielt m. E. auch Fetzer, Verantwortung, 142–158, der der Auffassung ist, dass Korporationen die seines Erachtens notwendigen Bedingungen moralischer Verantwortlichkeit (Handlungsfreiheit, Intentionalität, Willensfreiheit, Sozialität) allesamt unmittelbar erfüllen.

[122] Eine ganz ähnliche Position wie Werhane vertritt Maring, Kollektive und korporative Verantwortung, 296–301. Wie sie ist er der Auffassung, dass moralische Verantwortlichkeit zwar Handlungsfähigkeit, nicht aber Personalität voraussetzt. Da Korporationen immerhin in einem sekundären Sinne zu Handlungen in der Lage seien, könne man ihnen auch moralische Verantwortung zuschreiben. Auch Geser, Organisationen, 415, will Unternehmen im Speziellen und Organisationen im Allgemeinen aus soziologischer Perspektive als «sekundäre Akteure» verstanden wissen, ohne dass ihre Abhängigkeit von individuellen Personen aus seiner Sicht ihre Handlungsfähigkeit beeinträchtigen würde. Seines Erachtens erfüllen sie nicht nur die beiden Voraussetzungen der Kausalität und der Intentionalität (vgl. 402–406), sondern sind sogar «generell besser als Individuen dazu disponiert, ‹perfekte› Akteure zu sein, die den idealisierenden Modellvoraussetzungen gängiger Handlungstheorien approximativ entsprechen» (415),

grenzt sich Werhane einerseits von Autoren wie French ab, die Korporationen natürlichen Personen angleichen und deren ontologische Unselbstständigkeit, d. h. ihre Abhängigkeit von natürlichen Personen, überspielen. Andererseits distanziert sie sich damit auch von hartnäckigen Individualisten wie Velasquez, die ihres Erachtens fälschlicherweise davon ausgehen, korporative Handlungen liessen sich stets als eine Kombination von Handlungen von Individuen rekonstruieren. In ihren Augen ist eine solche Rekonstruktion zwar nicht völlig falsch, aber unvollständig: «[T]he analysis […] in terms of individual actions will uncover the *causes* and *necessary conditions* of that ‹action›, but not the *reasons* for it.»[123] Richtig verstehen könne man korporatives Handeln nur, wenn man klar sei, dass es dabei um Handlungen in einem sekundären Sinne gehe. Dass Unternehmen (in bestimmter Weise) zu handeln vermögen, impliziert für Werhane zugleich, dass sie auch Träger von moralischer Verantwortung sein können. Als notwendiges und hinreichendes Kriterium moralischer Verantwortlichkeit fungiert bei ihr demnach – anders als bei French – nicht die Intentionalität, sondern die Handlungsfähigkeit.

Was sie, David Copp[124] folgend, unter einer sekundären Handlung versteht, verdeutlicht Werhane am Beispiel der Vermietung eines Hauses durch eine Maklerin. Deren primäre Handlungen seien zwar ebenso notwendig wie hinreichend für die Vermietung des betreffenden Hauses. Dennoch trage die Vermieterin die eigentliche Verantwortung für die Vermietung, weil die Handlungen der Maklerin in einem sekundären Sinne auch ihre Handlungen seien, insofern sie in ihrem Auftrag vollzogen wurden.[125] Diese Analyse lässt sich nach Ansicht von Werhane auch auf Korporationen übertragen, insofern deren Mitarbeiterinnen und Mitarbeiter primäre Handlungen ausführen, die in einem sekundären Sinne von der Firma als solcher ausgehen, da die einzelnen Individuen in ihrem Auftrag handeln – mit dem wesentlichen Unterschied allerdings, dass die Beauftragung im Fall einer Firma keinem Individuum zugeschrieben werden könne, sondern unpersönlicher Natur sei:

---

insofern sie autonomer und rationaler handeln würden als jene. – Die im Folgenden gegen Werhane vorgebrachten Einwände treffen m. E. Maring und Geser in gleicher Weise.

[123] Werhane, Persons, 52.

[124] Vgl. Copp, Collective Actions.

[125] Vgl. Werhane, Persons, 53: «More generally, what this example shows in an informal way is that one can accomplish some task without literally doing anything by using agents whose performance of relevant primary actions produces the desired secondary result.»

«In acting on behalf of the corporation, constituents [...] perform primary actions on behalf of the impersonal goals of the corporation. The goals are impersonal because (a) they are anonymously stated in the charter, and/or because (b) they have been radically altered by the board of directors, managers, committees and the market so that they take on an impersonal or anonymous character no longer traceable to individual authors.»[126]

Wenngleich auch die sekundären Handlungen einer Firma stets von natürlichen Personen wie dem CEO oder der Verwaltungsratspräsidentin ausgehen würden, dürfe nicht jede dieser Handlungen ihnen persönlich zugeschrieben werden, da korporatives Handeln zumeist das Ergebnis eines Zusammenwirkens von mehreren individuellen Handlungen sei, welches von den Zielen des Unternehmens bestimmt werde:

«While individual action is necessary for secondary action, and while the totality of individual actions on behalf of a corporation is sufficient for such action, except in the smallest corporations no one individual action is sufficient for a secondary action, and each individual input becomes transformed as it mixes with other constituent and agent input and as corporate ‹directives› are interpreted. The result is often (but not always) collective action different from the primary actions of its constituents. Thus, at least in principle, it is possible that there could be corporate immoral ‹action› that is the result of a series of blameless primary actions.»[127]

Korporationen als solche sind also nach Werhane imstande, in einem sekundären Sinne zu handeln, indem sie ihre Mitarbeiterinnen und Mitarbeiter damit beauftragen, primäre Handlungen in ihrem Sinne zu vollziehen. Anders als French hält es Werhane nicht für angemessen, mit Blick auf Korporationen von Intentionalität zu sprechen, da sie mit Velasquez und anderen davon ausgeht, dass Intentionen eine psychische Entität voraussetzen, die Unternehmen nicht besitzen. Stattdessen schlägt sie vor, eine Korporation als ein selektives intentionales System (*seclective intentional system*) zu versehen, das sämtliche Inputs im Hinblick auf die von der Korporation verfolgten Ziele prüft und selektioniert.

Ist es angemessen, Korporationen als solchen moralische Verantwortung zuzuschreiben? Werhane bejaht dies, auch wenn sie einräumt, dass es ihnen im

---

[126] Werhane, Persons, 54.
[127] Werhane, Persons, 56.

Unterschied zu natürlichen Personen an Freiheit mangelt, da sie von den Handlungen ihrer Konstituenten abhängig sind.[128] Dies gelte auch in moralischer Hinsicht. Doch auch wenn sie keine autonome moralische Personen oder Akteure seien, so seien Korporationen als sekundär Handelnde eben doch auch als sekundäre moralische Akteure und damit zugleich als moralisch verantwortlich anzusehen:

«[C]orporations as secondary collectives made up of persons can ‹act› as moral agents, and therefore are morally responsible. Moral awareness, however, is dependent upon the moral input of corporate constituents.»[129]

Gegenüber der Position von French hat diejenige von Werhane den Vorzug, dass sie der Differenz zwischen natürlichen Personen und Korporationen Rechnung trägt. Weder bezeichnet Werhane Korporationen als Personen, wie French dies anfangs getan hat, noch vertritt sie die These, sie besässen Intentionen oder könnten wie Menschen handeln. Stattdessen spricht sie von selektiven intentionalen Systemen, sekundären Handlungen und sekundären moralischen Akteuren.

Indem sie einräumt, dass Korporationen unselbstständig und auf die Handlungsfreiheit ihrer Konstituenten angewiesen sind, provoziert Werhane freilich die Rückfrage, weshalb sie dennoch an deren moralischer Verantwortlichkeit festhält. Schliesslich scheint es Korporationen damit an dem zu mangeln, was klassischerweise als eine notwendige Voraussetzung für moralische Verantwortlichkeit angesehen wird, nämlich Freiheit. Von sich aus können sie weder agieren noch Intentionen formen oder moralische Erwägungen anstellen. Zwar geht Werhane davon aus, dass sie sich zu diesem Zweck primärer Akteure bedienen können, doch eine befriedigende Erklärung dafür, wie dies funktioniert, gelingt ihr nicht. Denn es ist weder erkennbar, dass und wie die verschiedenen, sich miteinander vermischenden Inputs, von denen Werhane spricht, von einer distinkten Entität geordnet würden, noch wird ersichtlich, weshalb eine solche Vermischung ihrerseits einen neuen, distinkten Akteur mit eigenen Interessen konstituieren würde, der dann seinerseits die Konstituenten regiert und lenkt. Solange weder das eine noch das andere gezeigt werden kann,

---

[128] Diesen Aspekt scheint Fetzer, Verantwortung, 144, in seiner Kritik an Werhanes Rede von sekundärer Verantwortlichkeit zu übersehen. Fetzer ist der Auffassung, dass einzig das Nichtvorhandensein einer «menschlichen Körperlichkeit» bzw. einer «psychophysische[n] Einheit» menschliche Individuen und Korporationen unterscheidet, ohne dass diese unterschiedliche ontologische Beschaffenheit eine Differenz hinsichtlich ihrer Verantwortlichkeit begründe.

[129] Werhane, Persons, 59.

spricht alles dafür, dass die Handlungsherrschaft tatsächlich bei den Konstituenten einer Korporation liegt, die sich ihrer als eines von ihnen geschaffenen Instruments bzw. als einer fiktiven Person bedienen.

Akteure qua Zuschreibung

Eine Lösung für das zuvor skizzierte Problem scheint die von Christian Neuhäuser vertretene Konzeption korporativer Verantwortung zu bieten.[130] Neuhäuser knüpft dabei an die intensive Diskussion über kollektive Intentionalität in den vergangenen beiden Jahrzehnten an.[131] Wie French und Arnold rekurriert er, wenn auch in anderer Weise, auf Michael Bratmans Theorie geteilter Intentionen und vertritt die These, dass durch entsprechende Zuschreibungen von Seiten der Konstituenten Korporationen tatsächlich zu eigenständigen Akteuren werden, denen man mit Recht moralische Verantwortlichkeit attestieren kann.

Dass Neuhäuser an die jüngere Diskussion über kollektive Intentionen anknüpft, bedeutet nicht, dass er kollektiven Gruppen jeder Art ohne Weiteres moralische Verantwortlichkeit zuschreiben würde. Er legt vielmehr Wert darauf zu unterscheiden zwischen Aggregaten, d. h. blossen «Ansammlungen von Menschen [...], die zufällig ein bestimmtes Merkmal teilen»[132], einfachen Kollektiven, die einen gemeinsamen Plan verfolgen, indem sie z. B. gemeinsam demonstrieren, sowie schliesslich korporativen Gruppen, die «über feste Strukturen und eigene Regelwerke verfügen»[133] und zu denen er beispielsweise Firmen und Kirchen zählt. Nur korporative Gruppen können seines Erachtens

---

[130] Einen ähnlichen Ansatz vertritt Mathiesen, Wir sitzen alle, nur dass sie nicht nur Korporationen, sondern Kollektive im Allgemeinen im Blick hat und statt von gemeinsamen Plänen von einer gemeinsamen Perspektive spricht, die durch die Erwartungen der beteiligten Individuen konstituiert wird. Kollektive sind ihres Erachtens moralische Akteure, weil und sofern sie eine eigene Perspektive besitzen, die Fähigkeit zu Reflexionen zweiter Ordnung haben und empfänglich für moralische Gründe sind: «Auch wenn das Kollektiv nicht denken, überlegen, beabsichtigen oder handeln kann, ohne dass die Mitglieder dies tun, ohne dass die Mitglieder als Mitglieder, das heisst als durch die kollektive Perspektive bestimmt, handeln, können wir das Kollektiv als den *primären* Akteur jener Handlung bezeichnen. Es ist primär in dem Sinn, dass es die Perspektive des Kollektivs ist, und zwar als die Perspektive, die die Mitglieder verstanden haben, die durch die Handlungen der Mitglieder zum Ausdruck gebracht wird und die Gründe für diese Handlungen liefert» (754). – Der zentrale Einwand, den ich unten (47–49) gegen Neuhäuser vorbringe, trifft, so meine ich, auch den Ansatz von Kay Mathiesen.
[131] Einen guten Einblick in die Debatte vermittelt der Sammelband von Schmid/Schweikard (Hg.), Kollektive Verantwortung.
[132] Neuhäuser, Unternehmen, 150.
[133] Neuhäuser, Unternehmen, 151.

als moralische Akteure bezeichnet werden, nicht aber Aggregate oder einfache Kollektive:

> «Ein Mob oder ein Demonstrationszug können nicht selbst handeln, sie haben auch keine Verantwortung und laden keine Schuld auf sich, wenn sie etwas Schlechtes tun. Bei korporativen Akteuren hingegen ist dies anders, sie können frei und verantwortlich handeln. Sie sind moralische Akteure.»[134]

Der entscheidende Punkt ist dabei, dass Aggregate und einfache Kollektive nach Neuhäuser keine eigenständigen Akteure darstellen, da sich die geteilten Wir-Intentionen in ihrem Fall stets auf Intentionen von Individuen reduzieren lassen. Für Korporationen gilt dies seines Erachtens nicht, da deren Konstituenten diese als einen eigenständigen Akteur ansehen und sich selbst dementsprechend verhalten würden.[135] Tatsächlich verständen sich die Mitarbeiterinnen und Mitarbeiter eines Unternehmens als dessen «Funktionäre», indem sie sich an den Interessen des Unternehmens orientieren und ihre eigenen Intentionen an dessen Plänen ausrichten würden, um sie anschliessend in die Tat umzusetzen.

Wenn Neuhäuser also behauptet, dass Unternehmen als solche Interessen und Pläne im Sinne Bratmans besitzen, dann stellt sich natürlich die Frage, inwiefern man dies von einer Entität, die selbst über keinerlei Bewusstsein verfügt, sagen kann. Neuhausers Antwort auf diese zentrale Frage lautet, dass es die Zuschreibungen der Mitarbeitenden eines Unternehmens sind, die dessen Interessen und Pläne konstituieren. Ohne solche Zuschreibungen hätte das Unternehmen zwar keinerlei Interessen und Pläne, doch dies bedeute nicht, dass Unternehmen deswegen «keine intentionalen Akteure» seien:

> «Die Zuschreibung von Plänen und Interessen konstituiert vielmehr den Akteursstatus von Unternehmen, so wie die Zuschreibung den Wert des Geldes konstituiert. Die Zuschreibung von Intentionalität ist deswegen gerechtfertigt, weil Unternehmen durch ihre individuellen Mitarbeiter als ihre Agenten tatsächlich intentional handeln können. Dies ist das entscheidende Merkmal dieser Konstruktion. Weil die individuellen Mitarbeiter sich als Teil des Unternehmens verstehen, schreiben sie dem

---

[134] Neuhäuser, Unternehmen, 151.
[135] Während für einfache Kollektive nach Neuhäuser mit Bratman die Devise «*Wir beabsichtigen, dass ich und Du X tun*» gilt, lautet sie für Unternehmen «*Das Unternehmen beabsichtigt, dass ich als Mitarbeiter des Unternehmens X tue*» bzw.: «Nicht *wir beabsichtigen, dass ich und du X tun*, ist also die Formel, durch die kollektives Handeln in Unternehmen beschrieben wird, sondern *U beabsichtigt, dass ich und du X tun*» (Neuhäuser, Unternehmen, 154).

Unternehmen Intentionalität zu, und weil sie dem Unternehmen Intentionalität zuschreiben, verstehen sie sich als Agenten, die im Auftrag des Unternehmens handeln.»[136]

Unternehmen können demnach zu Recht als intentionale Akteure[137] betrachtet und behandelt werden, weil deren Mitarbeiterinnen und Mitarbeiter ihnen eine Perspektive und bestimmte Interessen zuschreiben und weil sich die Mitarbeitenden zudem als Agenten des auf diese Weise konstituierten Prinzipals verstehen und in dessen Sinne handeln. Weil die Pläne, die die Mitarbeitenden dem Unternehmen zuschreiben, nicht nur ökonomischer, sondern auch moralischer Art sein können, steht für Neuhäuser darüber hinaus fest, dass Unternehmen nicht nur als Akteure, sondern zugleich als moralische Akteure angesehen werden können. Denn dies ermögliche es ihnen, nicht nur moralkonform, sondern auch aus moralischen Gründen zu handeln,[138] so dass sie jene drei Voraussetzungen erfüllen, die nach Ansicht von Neuhäuser erfüllt sein müssen, damit die Zuschreibung von moralischer Verantwortung berechtigt ist: Kausalität, (Handlungs- und Willens-)Freiheit und Moralfähigkeit.[139]

Während Werhane eine Antwort auf die Frage vermissen liess, inwiefern die Vermischung individueller Intentionen und Handlungen zur Konstituierung eines distinkten korporativen Akteurs mit eigenen Intentionen führt, liefert Neuhäuser mit der Idee der Zuschreibung zwar eine solche Antwort, doch diese Antwort überzeugt allenfalls auf den ersten Blick. Denn tatsächlich reicht die Zuschreibung von Intentionen nicht hin, um diese tatsächlich zu konstituieren, wie Manuel Velasquez am Beispiel von spielenden Kindern gezeigt hat: Kinder die mit Spielfiguren spielen, schreiben diesen Figuren nämlich ebenfalls Intentionen zu, indem sie beispielsweise sagen, ihre Figur wolle nun baden, sich abtrocknen und dergleichen. Niemand würde behaupten, dass solche Zuschreibungen tatsächlich Intentionen konstituieren. Vielmehr haben wir es in solchen Fällen, wie Velasquez schreibt, mit Als-ob-Intentionalität zu tun.[140] Neuhäusers Argument, demzufolge die Zuschreibung von Intentionen zu Recht erfolgt, weil die Konstituenten einer Korporation sich entsprechend ihrer Zuschreibung verhalten und im Interesse der Korporation handeln, hilft an dieser Stelle nicht weiter. Denn das Gleiche lässt sich auch von den spielenden

---

[136] Neuhäuser, Unternehmen, 159f.
[137] Neuhäuser bezeichnet Unternehmen bewusst als Akteure und nicht als Personen bzw. als ‹‹halbe› Personen, weil sie zwar vernünftig handeln können, aber wesensmässig keine Empfindungen haben» (Neuhäuser, Unternehmen, 117) und weist dementsprechend zwar den methodologischen, nicht aber den ethischen Individualismus zurück (vgl. Neuhäuser, Unternehmen, 166–170).
[138] Vgl. Neuhäuser, Unternehmen, 163f.
[139] Siehe oben Anm. 68.
[140] Vgl. Velasquez, Debunking, 546–549.

49

Kindern sagen, die ihre Spielfiguren den ihnen zugeschriebenen Intentionen entsprechend bewegen, ohne dass wir deswegen aufhören, von Als-ob-Intentionalität zu sprechen, und stattdessen die Figuren für «ihre Handlungen» moralisch zur Rechenschaft zu ziehen. Zwar könnte sich Neuhäuser an dieser Stelle mit dem Hinweis verteidigen, die Zuschreibung von Plänen und Interessen in Bezug auf Korporationen erfolge «nicht zufällig, sondern orientiere […] sich an bestehenden Vorstellungen darüber, welche Interessen ein Unternehmen hat»[141]. Doch auch dieses Argument vermag nicht zu überzeugen, weil die Pläne und Interessen von Unternehmen weder stets vorgegeben noch unabänderlich sind. Dies gilt sowohl für das Prinzip der Gewinnmaximierung, auf das Neuhäuser in diesem Zusammenhang verweist, als auch für die konkreteren Ziele eines Unternehmens. Sie alle sind einmal von Menschen festgelegt worden, werden von ihnen weitergetragen oder unter Umständen auch revidiert. Tatsächlich besitzen Korporationen keinerlei Intentionen, solange sie ihnen niemand zuschreibt,[142] und es sind nicht die Korporationen, die sich ihrer Konstituenten wie Prinzipale eines Agenten bedienen, sondern umgekehrt: Korporationen sind Instrumente, über die Menschen zur Verfolgung bestimmter Zwecke verfügen.

Neuhäuser hat durchaus Recht, wenn er darauf hinweist, dass die Konstituenten einer Korporation und auch andere Menschen dieser bestimmte Pläne und Intentionen zuschreiben. Die entscheidende Frage ist allerdings nicht, ob dies der Fall ist, sondern ob solche Zuschreibungen darüber hinaus imstande sind, korporative Intentionalität zu konstituieren, oder ob wir es hierbei nicht lediglich mit Ausprägungen dessen zu tun haben, was Velasquez als Als-ob-Intentionalität bezeichnet. Für Velasquez selber steht ausser Frage, dass letzteres der Fall ist, da seines Erachtens von Intentionalität nur dort die Rede sein kann, wo Bewusstsein existiert. Doch selbst wenn man von dieser Voraussetzung absieht, überzeugt Neuhäusers Konstituierungsthese nicht. Denn nur weil die Mitglieder einer Korporation so tun, als ob bestimmte Handlungen in deren Interesse sind und sich entsprechend verhalten, bedeutet dies noch lange nicht, dass die Korporation selbst diese Interessen hegt und entsprechend handeln würde. Insofern unterscheiden sie sich meiner Ansicht nach nicht von kollektiven Gruppen, die zwar ein gemeinsames Ziel verfolgen, ohne dass man ihnen – und in diesem Punkt folge ich Neuhäuser – als solchen moralische Verantwortlichkeit zuschreiben sollte. Dass stattdessen die Behauptung, Korporationen selbst würden bestimmte Interessen verfolgen, heute auf so viel Zustim-

---

141 Neuhäuser, Unternehmen, 158.
142 So auch Neuhäuser, Unternehmen, 159.

mung stösst, dürfte auch damit zu tun haben, dass an der Börse kotierte Aktiengesellschaften tatsächlich vielfach nicht im Interesse all derjenigen geführt werden, die zu ihm beitragen, sondern so, dass ihr Handeln nur einigen von ihnen zugute kommt, und zwar vor allem den Shareholdern sowie den Managerinnen und Managern.

Vollstrecker von Pflichten[143]

Während die zuvor diskutierten Konzeptionen zu zeigen versuchten, dass Korporationen über jene Eigenschaften verfügen, die bei der Zuschreibung von moralischer Verantwortung gewöhnlich vorausgesetzt werden, verfolgen Wim Dubbink und Jeffrey Smith einen pragmatischen bzw. politischen Ansatz.[144] Sie gehen davon aus, dass die moralische Verantwortlichkeit von Korporationen eine politische Notwendigkeit darstellt und dass es nicht darauf ankommt, ob sie als Personen bezeichnet werden können und über Intentionalität verfügen. Entscheidend ist ihrer Ansicht nach vielmehr, dass sie die Fähigkeit besitzen, moralische Prinzipien in ihre Entscheidungen und Handlungspläne zu integrieren.

Unternehmen, so Dubbink und Smith, üben eine wichtige gesellschaftliche Funktion aus, indem sie zu deren Wohlstand beitragen. Zu diesem Zweck gewähre ihnen die Gesellschaft unternehmerische Freiheit, doch diese *licence to operate* sei mit der Bedingung verknüpft, dass die Unternehmen ihrerseits moralische Verantwortung übernehmen:

> «The freedom to profit by undertaking private investment and production decisions carries with it the responsibility that such freedom is exercised in a way that effectively recognizes and protects the moral principles that support the well-being of citizens in liberal political societies.»[145]

Die Notwendigkeit und die Berechtigung, Unternehmen moralische Verantwortung zuzuschreiben, ergibt sich für Dubbink und Smith also aus deren gesellschaftlicher Funktion. Unternehmen haben in ihren Augen nicht nur den Auftrag, für Wohlstand zu sorgen, sondern müssen dabei zugleich grundlegende moralische Prinzipien beachten, da sie ansonsten ihre gesellschaftliche Akzeptanz riskieren.

Auch wenn dies keineswegs bedeutet, dass die von der Gesellschaft gewährte *licence to operate* dem Unternehmen als solchem und nicht denjenigen verliehen wird, die es führen, gehen Dubbink und Smith dessen ungeachtet von

---

[143] Dubbink/Smith verwenden den Begriff «administrators of duty».
[144] Vgl. im Folgenden Dubbink/Smith, Political Account.
[145] Dubbink/Smith, Political Account, 227.

der politischen Notwendigkeit korporativer moralischer Verantwortlichkeit aus. Ihre Aufmerksamkeit konzentrieren sie stattdessen auf die Frage, ob Unternehmen auch über die für die Übernahme von moralischer Verantwortung erforderlichen Eigenschaften verfügen. Um zu zeigen, dass die betreffende Zuschreibung seitens der Gesellschaft nicht auf einem Missverständnis beruht, entwickeln sie eine minimale Konzeption moralischer Verantwortlichkeit.

Dubbink und Smith plädieren dafür, moralische Verantwortlichkeit an weniger strenge Voraussetzungen zu knüpfen. Gegenüber Kriterien wie Intentionalität, Schuld- und Straffähigkeit verhalten sie sich agnostisch und neutral. Dass heisst nicht, dass sie der Ansicht sind, Korporationen könnten ihnen nicht genügen, sondern lediglich, dass sie ihres Erachtens nicht erfüllt sein müssen, um von moralischer Verantwortlichkeit sprechen zu können. Entscheidend hierfür sei vielmehr, dass Korporationen in der Lage sind, vernünftige moralische Entscheidungen zu fällen:

«[C]orporations are entities that have politically delegated *purposes* and are able to *base their decisions* on reasons expressed in publicly recognized moral principles.»[146]

Dass Unternehmen selber kein Gewissen haben und weder Schuld noch Scham empfinden können, ist demnach irrelevant. Denn die Zuschreibung von moralischer Verantwortung wird hierdurch ihres Erachtens ebenso wenig beeinträchtigt wie die soziale Funktion der Moral. Diese unterscheide sich von der des Rechts und basiere allein darauf, dass eine Entität moralische Prinzipien in ihre Entscheidungsfindung integrieren kann:

«The political conception of moral responsibility enables social coordination that respects consensually recognized moral principles. But this coordinating function is supplementary to – and differs from – the way that legal institutions work [...] The basic role of the legal system is to deal with the *consequences of actions* [...] Morality relates to the nature of decision-making, the ways in which deliberative actors take certain principles into account.»[147]

Verfechter der Idee korporativer Verantwortlichkeit müssen demnach lediglich darlegen, dass Unternehmen tatsächlich moralische Prinzipien in ihre Entscheidungsfindung zu integrieren und damit als «Vollstrecker von Pflichten» zu agieren vermögen.

Dass dies der Fall ist, versuchen Dubbink und Smith zu zeigen, indem sie in Anlehnung an Kant zwischen Zwecken (*purposes*), Maximen (*reasons*) und

---

[146] Dubbink/Smith, Political Account, 230f.
[147] Dubbink/Smith, Political Account, 232f.

Vernunftgründen (*grounds*) unterscheiden und argumentieren, dass Unternehmen zwar nicht aus Vernunftgründen handeln können, da sie trotz ihrer CID-Struktur nicht in der Lage seien, sich in ein reflexives Verhältnis zu ihren Maximen zu setzen. Daran, dass sie bestimmte Zwecke verfolgen und aufgrund ihrer internen Strukturen auch gemäss Maximen moralischer und anderer Art zu handeln imstande seien, kann ihres Erachtens jedoch kein Zweifel bestehen:

«[I]t seems uncontroversial to say that corporations can act on reasons. As we have noted, it has become standard within discussions on moral responsibility and agency to identify corporate internal decision making structures that serve to institutionalize reporting hierarchies, information gathering protocols, shared decision making processes and other practices that yield courses of action. On the basis of these internal structures corporations are practically rational in the limited sense of *acting on reasons* […] [T]here are no obstacles to maintaining that corporations can act on moral reasons and be conceived of as moral actors in that respect. At the level of decision-making processes, there is nothing special about moral principles – other than being objectively valid. They are just principles that must be taken into account.»[148]

Ihre CID-Struktur befähigt Unternehmen demnach dazu, moralisch zu handeln. Sie erlaubt es ihnen, als «Vollstrecker von Pflichten» zu agieren und dies genügt Dubbink und Smith, um ihnen Verantwortlichkeit in einem moralischen Sinne zu attestieren.

Dass sich an dieser Stelle die Frage aufdrängt, ob die Voraussetzungen auf diese Weise nicht so weit herabgesetzt werden, dass von moralischer Verantwortung in einem gehaltvollen Sinne nicht mehr die Rede sein kann, ist den beiden Autoren durchaus bewusst. Um diesen Einwand auszuräumen, berufen sie sich ein weiteres Mal auf Kant. Dies erstaunt insofern, als Moralität nach Kant doch auf dem Vermögen und Bestreben von Personen basiert, sich aus Vernunftgründen selbst zu bestimmen, und somit genau das voraussetzt, was Unternehmen, wie Dubbink und Smith einräumen, gerade nicht besitzen. Auch hierüber sind sie sich im Klaren, glauben aber dennoch im Sinne Kants von moralischer Verantwortung von Unternehmen sprechen zu können, indem sie

---

[148] Dubbink/Smith, Political Account, 236. Das bedeutet, wie gesagt, nicht, dass Korporationen auch aus Gründen handeln könnten: «[T]he fact that corporations can have purposes and act on reasons does not permit the inference that corporations can *ground* their actions based on their purposes and reasons […] [I]t is difficult to see how we can intelligibly say that corporations can be said to *reflectively endorse* these considerations as constraints on their plans of action […] Corporate internal decision making structures do not provide a perspective from which corporations can be said to understand their capacity to act on reasons as such» (ebd.).

sich auf dessen Unterscheidung von Rechts- und Tugendpflichten beziehen und zu zeigen versuchen, dass zwischen den von Kant so bezeichneten moralischen Tugendpflichten und der Moralität von Unternehmen strukturelle Parallelen existieren.[149] Kennzeichnend für Tugendpflichten im Unterschied zu Rechtspflichten sei gemäss Kant nämlich, dass sie nicht auf äussere Handlungen, sondern auf Handlungsmaximen bezogen (1) und nicht erzwingbar sind (2), dass sie Interpretationsspielräume offen lassen (3) und mit unserer Selbstbestimmung zu tun haben, indem sie die Fähigkeit zur Reflexion über die Angemessenheit von Handlungsgründen voraussetzen (4). All dies aber lasse sich nicht nur von menschlichen Personen, sondern in ähnlicher Weise auch von Korporationen sagen. Denn auch in ihrem Fall beziehe sich die moralische Verantwortung auf die Respektierung bestimmter Handlungsprinzipien (1), deren Einhaltung nicht erzwingbar sei (2) und die Interpretationsspielräume offen liessen (3). Schliesslich würden Unternehmen dabei auch eine bestimmte Form der Selbstbestimmung an den Tag legen, insofern sie ihre Ziele in Einklang mit ihren moralischen Pflichten bringen und dementsprechend verfolgen würden (4). All dies berechtige dazu, sie als moralisch verantwortlich in einem weiteren Sinne anzusehen, auch wenn sie anders als Menschen nicht in der Lage seien, aus Vernunftgründen zu handeln.

Folgt man Dubbink und Smtih, dann ist die Zuschreibung moralischer Verantwortung an die Adresse von Unternehmen also nicht nur sozial und politisch erwünscht, sondern auch gerechtfertigt, weil Korporationen aufgrund ihrer CID-Struktur imstande sind, moralische Prinzipien in ihre Entscheidungsfindung zu integrieren und entsprechend zu handeln. Doch reicht dies tatsächlich aus, um wie Dubbink und Smith von moralischer Verantwortlichkeit sprechen zu können?

Kant, auf den sich beide wiederholt berufen, hätte dem sicher nicht zugestimmt, weil Moralität für ihn die Fähigkeit voraussetzt, sich in ein reflexives Verhältnis zu den eigenen Maximen setzen zu können – eine Fähigkeit, die Korporationen, wie auch Dubbink und Smith einräumen, fehlt.[150] Unternehmen

---

[149] Vgl. Dubbink/Smith, Political Account, 242–244. Vor allem Dubbink ist auch in anderen Zusammenhängen für eine kantianische Begründung der Unternehmensethik eingetreten. Vgl. Dubbink/Liedekerke, Neo-Kantian Foundation; Dubbink/van de Ven, On the Duties.

[150] Dass Korporationen sehr wohl über diese auch ihres Erachtens notwendige Fähigkeit verfügen, ist die Auffassung von Mathiesen, Wir sitzen alle. Dabei argumentiert Mathiesen ähnlich wie Neuhäuser, indem sie die These vertritt, Korporationen würden sich zu diesem Zweck ihrer Konstituenten bedienen. Demgegenüber kann man freilich – wie schon bei Neuhäuser – einwenden, dass die Idee der Indienstnahme auf einer irreführenden Fiktion seitens der Konstituenten beruht.

sind im Sinne Kants allenfalls zu moralkonformem, nicht aber zu genuin moralischem Handeln imstande, da sie selbst keine moralischen Motive besitzen.[151]

Doch auch unabhängig davon, dass Kant selbst Unternehmen kaum moralische Verantwortlichkeit attestiert hätte, stellt sich die Frage, ob die von Dubbink und Smith betriebene Deflationierung der Voraussetzungen für moralische Verantwortlichkeit nicht dazu führt, dass diese die ihr zugedachte soziale Funktion nicht mehr ausüben kann. Für ihre eigene Konzeption wäre dies fatal, da es doch gerade die soziale Funktion der Moral ist, auf die Dubbink und Smith rekurrieren, um ihr Postulat einer moralischen Verantwortlichkeit von Unternehmen zu begründen. Ihre soziale Funktion können moralische Normen allerdings nur erfüllen, wenn sie nicht nur zur Kenntnis genommen, sondern auch regelmässig eingehalten werden, wobei die Problematik moralischer im Unterschied zu rechtlichen Normen darin besteht, dass ihre Einhaltung nicht von aussen erzwungen werden kann. Der Antrieb zum moralischen Handeln muss aus dem Akteur selber kommen. Dies führt zu der Frage, ob als «Vollstrecker von Pflichten» konzipierte Unternehmen über einen solchen Antrieb verfügen.

Ob es überhaupt eine überzeugende Antwort auf die Frage gibt, warum Akteure moralisch handeln sollten, ist innerhalb der Ethik umstritten. Kurt Bayertz unterscheidet vier Typen von möglichen Antworten: den Verweis auf *metaphysische Instanzen*, die *objektive Vernunft*, das *allgemeine Interesse* sowie das *Eigeninteresse*.[152] Jeder dieser Lösungsvorschläge ist mit Schwierigkeiten verbunden und diese Schwierigkeiten bleiben bestehen oder vermehren sich, wenn wir es anstelle von individuellen mit korporativen Akteuren und besonders mit solchen im Sinne von Dubbink und Smith zu tun haben. Der Verweis auf Gott als *metaphysische Instanz*, die von Unternehmen moralisch verantwortliches Handeln fordert, hat nicht nur in Anbetracht des weltanschaulichen Pluralismus moderner Gesellschaften wenig Aussicht, als allgemein verbindliche Antwort anerkannt zu werden, sondern sie ist im Hinblick auf Unternehmen zudem mit dem Problem behaftet, dass Korporationen als solche weder eine Seele noch ein Gewissen besitzen. Zwar wäre es denkbar, dass Unternehmen göttliche Gebote ebenso wie andere moralische Prinzipien in

---

[151] Dubbink/Smith, Political Account, 237f., glauben, ihre Konzeption mit Kants Moralverständnis dadurch in Einklang bringen zu können, dass sie bei der Beurteilung einer Handlung zwischen lobens- oder tadelnswert bzw. richtig oder falsch unterscheiden. Gehe es im ersten Fall um das Handlungsmotiv, interessiere im zweiten Fall lediglich die Übereinstimmung mit den einschlägigen moralischen Prinzipien, wozu auch Unternehmen in der Lage seien. Auch wenn letzteres richtig sein mag, ändert dies nichts daran, dass sich die Moralität einer Handlung nach Kant an den ihr zugrunde liegenden Motiven bemisst (vgl. Kant, Grundlegung, 18–27 [BA 1–16]).

[152] Vgl. Bayertz, Einleitung, 20–32.

ihre Entscheidungsfindung integrieren, doch ist nicht ersichtlich, warum Entitäten ohne eine Seele und ohne ein Gewissen dies tun und sich dementsprechend moralisch verhalten sollten. Ebenso wenig infrage kommt der kantianische Verweis auf die *objektive Vernunft*, da Unternehmen, wie Dubbink und Smith einräumen, nicht zu der Einsicht in die objektive Vernünftigkeit der Moral imstande sind. Weil darüber hinaus der Versuch, moralisches Handeln damit zu begründen, dass dies im *allgemeinen Interesse* sei, schon im Hinblick auf Individuen nicht überzeugt – da dabei eine moralische Motivation vorausgesetzt wird, die erst noch zu begründen wäre[153] –, bleibt als letzte der vier von Bayertz genannten Möglichkeiten, die Frage «Warum moralisch sein?» zu beantworten, der Rekurs auf das *Eigeninteresse* des betreffenden Akteurs. Weil unmoralisches Verhalten «zumindest gelegentlich zu unangenehmen Reaktionen der Umwelt» führe und Kooperationschancen mindere,[154] sei es, so das Argument, in unserem eigenen Interesse moralisch zu handeln – wahrscheinlich jedenfalls sowie längerfristig und im Allgemeinen.[155] Dass auch dieses Argument von begrenzter Reichweite ist, kommt bereits in diesen Relativierungen zum Ausdruck:

> «Es leuchtet zwar ein, dass sich moralisches Handeln *auf lange Sicht und im Allgemeinen* auszahlt; man wird aber nicht behaupten können, dass bei *allen Verstössen* gegen die Moral mit Sanktionen oder einer Gefährdung von Kooperationschancen gerechnet werden muss.»[156]

Moralisches Handeln ist deshalb nicht immer ein Gebot der Klugheit. Für den, der nur auf sein eigenes Interesse bedacht ist, kann sich ein unmoralisches Handeln im Einzelfall durchaus lohnen – besonders dann, wenn niemand dies bemerkt. Dass Menschen seltener als ihren individuellen Nutzen maximierende «Trittbrettfahrer» agieren, als dies hiernach zu erwarten wäre, dürfte nicht zuletzt mit ihrer moralischen Erziehung und prägenden Erfahrungen zu tun haben. Diese führen zur Internalisierung moralischer Regeln, deren Verletzung vom Gewissen mit Gefühlen der Schuld und der Scham sanktioniert wird. Der entscheidende Punkt ist nun, dass korporativen Akteuren im Sinne

---

[153] Vgl. Bayertz, Einleitung, 24.
[154] Ein weiteres, von Bayertz, Einleitung, 26f., genanntes Argument lautet, dass es unmoralischen Menschen schwerer fallen dürfte, «nicht-instrumentelle Beziehungen zu anderen Menschen einzugehen», wodurch man allerdings gemäss Bernard Williams wiederum «im Grunde bereits einen Fuss auf das Gebiet der Moral gesetzt» habe.
[155] Bayertz, Einleitung, 26.
[156] Bayertz, Einleitung, 27.

Dubbinks und Smiths ein solches Sensorium fehlt,[157] weshalb sie moralische Regeln ohne Hemmungen verletzen, sofern dies in ihrem eigenen Interesse ist. Einen inneren Antrieb zu moralischem Handeln besitzen sie nur insoweit, als dies in ihrem eigenen Interesse ist, was auf längere Sicht und im Allgemeinen wahrscheinlich sein mag. Wo dies hingegen nicht der Fall ist, haben sie keinen Grund aus sich heraus moralisch zu handeln. Dadurch aber wird die soziale Funktion der Moral, mit der Dubbink und Smith ihre Konzeption korporativer moralischer Verantwortung rechtfertigen, empfindlich beeinträchtigt. Die Deflationierung der Kriterien moralischer Verantwortlichkeit, die die Zuschreibung moralischer Verantwortlichkeit an die Adresse an Unternehmen ermöglichen sollte, führt also letzten Endes dazu, dass die solchermassen konzipierten «Vollstrecker von Pflichten» als moralische Akteure höchst unzuverlässig sein dürften. Mit der Zuschreibung von moralischer Verantwortung an ihre Adresse ist im Hinblick auf die soziale Funktion der Moral wenn nicht nichts, so doch wenig gewonnen.

2.3 Recht statt Moral

Wenn in der Wirtschaft moralische Missstände aufgedeckt werden, macht man häufig Unternehmen dafür verantwortlich. Wer der Auffassung ist, dass es sich hierbei nicht um eine uneigentliche Redeweise handelt, sondern glaubt, Unternehmen könnten tatsächlich für ihr Handeln moralisch verantwortlich gemacht werden, der muss sich die Frage gefallen lassen, wie sich dies mit unserem klassischen Verständnis von moralischer Verantwortlichkeit in Einklang bringen lässt, wonach diese menschlichen Individuen vorbehalten ist. Grundsätzlich kann man dieser kritischen Rückfrage auf zweierlei Weise begegnen: Man kann entweder zu zeigen versuchen, dass Korporationen durchaus die Bedingungen erfüllen, an die Zuschreibung von moralischer Verantwortung gewöhnlich geknüpft wird, oder aber man argumentiert stattdessen für eine Revision jener Bedingungen, um die Zuschreibung von moralischer Verantwortung an die Adresse von Korporationen zu ermöglichen.

Von den im vorangehenden Abschnitt untersuchten Konzeptionen haben die drei ersten die eine, die vierte dagegen die andere dieser beiden Strategien verfolgt. Als erfolgreich hat sich allerdings weder der eine noch der andere Weg erwiesen. Während French behauptet, Korporationen seien moralische Personen bzw. Akteure, weil sie genau wie Menschen über Intentionalität und

---

[157] Dies sieht auch Coleman, Foundations, 576, so. Weil Sozialisierung und informale soziale Normen bei korporativen Akteuren keine Wirkung entfalten, muss ihre soziale Verantwortlichkeit seines Erachtens durch das Recht hergestellt werden.

die Fähigkeit zu handeln verfügen, und dabei die fundamentale Differenz über-spielt, die sich daraus ergibt, dass Korporationen stets von Konstituenten abhängig sind, berücksichtigt Werhane dies zwar, doch bleibt sie eine plausible Erklärung dafür schuldig, weshalb das Unternehmen als sekundärer Akteur sich seiner Konstituenten bedient und nicht umgekehrt. Auch Neuhäusers Zu-schreibungsthese vermag dieses Problem m. E. nicht zu lösen, weil der Um-stand, dass die Konstituenten ihrer Zuschreibung entsprechend handeln, nichts an dem von Verlasquez so bezeichneten Als-Ob-Charakter ihrer Zuschreibung ändert. Dubbink und Smith schliesslich, die die zweite der beiden von mir unter-schiedenen Strategien verfolgen, konzeptualisieren Unternehmen als «Voll-strecker von Pflichten», die aus sich heraus keine Motivation zum moralischen Handeln besitzen, so dass die Zuschreibung moralischer Verantwortung an Unternehmen die ihr zugedachte soziale Aufgabe nicht zu erfüllen vermag.

Für die Anhängerinnen und Anhänger der These moralischer korporativer Verantwortlichkeit fällt das Fazit meiner Untersuchung somit ernüchternd aus. Keine der untersuchten Konzeptionen liefert eine plausible Begründung für ihre These, und ich vermute, dass sich dieses Ergebnis verallgemeinern lässt. Diese Schlussfolgerung mag unbequem erscheinen, impliziert sie doch, dass man den eingangs skizzierten, sich aus korporativer Macht, organisierter Unver-antwortlichkeit und Verantwortungslücken ergebenden Problemen nicht dadurch begegnen kann, dass man Unternehmen als solche moralisch verantwortlich macht. Wer dies gleichwohl tut, bedient sich nolens volens einer uneigentli-chen Redeweise.

Indem ich die Idee korporativer Verantwortung zurückweise, möchte ich freilich nicht dem Konzept des «ehrbaren Kaufmanns» das Wort reden, wie dies heute gelegentlich geschieht.[158] Zwar bin ich in der Tat der Auffassung, dass moralische Verantwortlichkeit aufgrund der Bedingungen, an die ihre Zuschreibung gewöhnlich geknüpft wird und auch in Zukunft geknüpft werden sollte, eine Individuen vorbehaltene Eigenschaft darstellt. Doch das bedeutet nicht, dass der Schlüssel zur Bekämpfung mangelnder oder fehlender Verant-wortung in Unternehmen in einer Repristination des Ideals vom «ehrbaren Kaufmann» besteht. Denn so wichtig jene Tugenden, die dem «ehrbaren Kauf-mann» – ob zu Recht oder zu Unrecht sei hier dahingestellt – zugeschrieben wurden, auch sein mögen, so ist es mit der Kultivierung individueller Tugen-den doch nicht getan. Denn ohne «institutionelle ‹Rückenstützen›»[159] und auf

---

[158] Vgl. z. B. Klink, Der ehrbare Kaufmann, sowie die knappe und in meinen Augen überzeu-gende Kritik von Beschorner/Hajduk, Der ehrbare Kaufmann.
[159] So mit Recht Ulrich, Integrative Wirtschaftsethik, 493.

sich allein gestellt, sind auch die ehrbarsten Individuen in jedem Unternehmen hoffnungslos überfordert.

Deswegen stellt eine Revitalisierung des Konzepts des ehrbaren Kaufmanns keine Alternative zum Konzept korporativer Verantwortung dar. Doch daraus folgt nicht, dass wir dem Problem mangelnder oder fehlender moralischer Verantwortung im Kontext von Korporationen hilflos ausgeliefert wären. Verzichtet man nämlich darauf, Korporationen moralische Verantwortlichkeit zu unterstellen, vermeidet man, das Konzept moralischer Verantwortung als solches zu schwächen; vielmehr wird so eine effektivere Lösung jener Probleme möglich. Denn indem man statt auf die Moral auf das Recht setzt,[160] erhöht sich die Wahrscheinlichkeit einer Normbefolgung durch Unternehmen erheblich, drohen diesem andernfalls doch unter Umständen erhebliche finanzielle Einbussen.

Der Politik ist dies durchaus bewusst, und unter dem Eindruck der vielen Fälle unternehmerischen Fehlverhaltens, die in den vergangenen Jahrzehnten für öffentliche Empörung sorgten, haben eine Reihe von Staaten inzwischen eine Abkehr von dem lange Zeit gültigen Rechtsgrundsatz *societas delinquere non potest* vollzogen und sich stattdessen «zur Einführung einer strafrechtlichen oder mindestens parastrafrechtlichen Unternehmenshaftung»[161] entschlossen,[162] darunter auch Deutschland[163], Österreich[164] und die Schweiz, wobei ich

---

[160] So auch Velasquez, Debunking, 550.

[161] Forster, Strafrechtliche Verantwortlichkeit, 1.

[162] Für eine das Zivilrecht ergänzende strafrechtliche Regelung gibt es, wie Forster, Strafrechtliche Verantwortlichkeit, 54f., erklärt, gute Gründe: Das Strafrecht besitzt eine stärkere symbolische und präventive Wirkung als das Zivilrecht, das überdies die Schwäche hat, dass es den «Anspruchsberechtigten» freisteht, «ihr Recht nicht durchzusetzen» und dass es sich dort «generell als unzureichend erweist, wo es um den Schutz kollektiver Rechtsgüter wie der Umwelt (Luft, Boden etc.) oder der (Kapital-)Märkte sowie den Schutz von Funktionszusammenhängen geht».

[163] In Deutschland besteht gemäss § 30 des Gesetztes über Ordnungswidrigkeiten (1987) die Möglichkeit, Verbände für «eine Straftat oder Ordnungswidrigkeit», die von einer leitenden Person des Verbandes begangen wurde, mit einer Geldbusse von bis zu einer Million Euro zu belegen. Vgl. hierzu die diese mit der schweizerischen Regelung vergleichende Darstellung von Jean-Richard-dit-Bressel, Desorganisationsdelikt, 160–169 (die Gesetzesbestimmungen sind ebd., 340–342 dokumentiert).

[164] Österreich hat als Reaktion auf die Seilbahn-Katastrophe von Kaprun (2006) ein Gesetz über die Verantwortlichkeit von Verbänden für Straftaten erlassen. Danach werden Verbände für betriebsbezogene Straftaten von Entscheidungsträgern unabhängig von einem etwaigen Organisationsversagen mit einer Geldbusse bis zu 1,8 Mio. Euro bestraft, für solche ihrer Mitarbeitenden dagegen nur, sofern ein Organisationsversagen vorliegt. Vgl. Jean-Richard-dit-Bressel, Desorganisationsdelikt, 180f. (bzw. 348–350).

mich an dieser Stelle darauf beschränke, die Grundzüge der seit dem 1. Oktober 2003 geltenden schweizerischen Reglung gemäss Art. 102 StGB zu skizzieren.

Absatz 1 des Art. 102 StGB sieht eine subsidiäre Haftung für den Fall vor, dass es in einem Unternehmen zu einem Verbrechen oder Vergehen kommt, das «wegen mangelhafter Organisation des Unternehmens keiner bestimmten natürlichen Person zugerechnet werden» kann. Ein Organisationsversagen gilt demnach nicht wie in den USA bloss als Strafzumessungsfaktor, sondern als Strafbarkeitsvoraussetzung, sofern es nicht gelingt, die Tat einem oder mehreren Einzelnen zuzurechnen. Um persönliche Exzesse auszuschliessen wird weiter vorausgesetzt, dass die Tat einen Bezug zum Zweck des Unternehmens aufweist. Die Busse für das Unternehmen kann maximal 5 Mio. Franken betragen. Internationalem Einfluss[165] ist es zu verdanken, dass Abs. 2 von Art. 102 StGB darüber hinaus eine konkurrierende bzw. originäre Haftung des Unternehmens für bestimmte Straftaten vorsieht, nämlich Geldwäsche, Korruption, Bestechung und Finanzierung des Terrorismus. Liegt eine solche Straftat vor, «so wird das Unternehmen unabhängig von der Strafbarkeit natürlicher Personen bestraft». Die Voraussetzung hierfür ist freilich wiederum, dass «dem Unternehmen vorzuwerfen ist, dass es nicht alle erforderlichen und zumutbaren organisatorischen Vorkehren getroffen hat, um eine solche Straftat zu verhindern».

Kritisch lässt sich gegenüber der Regelung in Art. 102 StGB einwenden, dass eine konkurrierende Haftung nur für einige wenige Straftaten vorgesehen ist, während dies für andere, moralisch u. U. schwerer wiegende Delikte, wie z. B. Umweltschäden, schwere Körperverletzungen oder Tötungsdelikte nicht gilt,[166] und dass die Regelung der subsidiären Haftung in Abs. 1 die Gefahr birgt, dass Unternehmen zur Vermeidung hoher Bussen im Compliance-Bereich «eine Person bestimmen, welche für kritische Geschäftsbereiche die Verantwortung trägt, ohne aber faktisch die Kompetenzen zu haben»[167]. Unbeschadet dieser Defizite ist Art. 102 StGB ein Beispiel dafür, dass das Recht heute durchaus in der Lage ist, Unternehmen als solche für Straftaten zur Rechenschaft zu ziehen, ohne dabei auf einen moralischen Tadel als Voraussetzung angewiesen zu sein.[168] Mit einer zusätzlichen oder darüber hinausgehenden moralischen Verurteilung von Unternehmen dürfte hingegen wenig gewonnen sein, zumal sie, wie wir gesehen haben, nur uneigentlich gemeint sein kann.

---

[165] Zur Entstehungsgeschichte vgl. Forster, Verantwortlichkeit, 56–71; Jean-Richard-dit-Bressel, Desorganisationsdelikt, 55–184.

[166] Vgl. Plüss, Patron, 221f.; ähnlich: Forster, Strafrechtliche Verantwortlichkeit, 300.

[167] Plüss, Patron, 219.

[168] So Forster, Strafrechtliche Verantwortlichkeit, 35.

3. Moralische Verantwortung von Unternehmen

Unternehmen an sich können, wie ich im vorangehenden Kapitel herausgearbeitet habe, keine moralische Verantwortung übernehmen. Die moralische Verantwortung für unternehmerisches Handeln tragen immer Personen, die im Namen der Unternehmung und für sie tätig sind. In der Folge sind deshalb ebenfalls immer Personen gemeint, auch wenn einfachheitshalber von der Verantwortung von Unternehmen die Rede ist. Dass die Frage, ob die Zuschreibung einer von rechtlichen und ökonomischen Anforderungen unabhängigen moralischen Verantwortung ethisch überhaupt plausibel ist, innerhalb der theologischen Ethik bislang nicht die gebührende Beachtung gefunden hat, während sie in der allgemeinen Wirtschaftsethik sehr unterschiedlich beantwortet wird, wurde bereits in der Einleitung deutlich. In diesem Kapitel möchte ich mich nun näher mit dieser Frage auseinandersetzen. Eine mögliche Antwort bietet das Shareholder-Konzept, mit dem ich beginnen werde (3.1), bevor ich mich anschliessend mit seinem wichtigsten Konkurrenten, dem Stakeholder-Konzept befasse (3.2). Da auch dieses Konzept meiner Ansicht nach in ethisch-normativer Hinsicht nicht vollständig zu überzeugen vermag, erscheint es mir sinnvoll, es mit einem Vorschlag des kanadischen Philosophen Joseph Heath zu verbinden, der vom Phänomen des Marktversagens ausgeht (3.3). Eine der Grenzen dieses Vorschlags besteht darin, dass er offenbar mit einem funktionierenden Wohlfahrtsstaat rechnet, während Unternehmen heute häufig in Ländern operieren, in denen ein solcher Staat nicht existiert. Welche Konsequenzen sich hieraus für die Bestimmung der moralischen Verantwortung von Unternehmen ergeben, gilt es zu klären. Einige Überlegungen hierzu enthält der vierte und letzte Abschnitt dieses Kapitels (3.4).

3.1 Shareholder-Orientierung

So wie Unternehmen ihren Eigentümerinnen und Eigentümern gehören, scheinen Aktiengesellschaften ihren Aktionärinnen und Aktionären zu gehören. Jedenfalls dürfte dies die landläufige Vorstellung sein und ein grosser Teil der Anziehungskraft der von Alfred Rappaport propagierten Theorie des Shareholder Value[169] oder der Zustimmung, die die von Thomas Minder lancierte «Abzocker-Initiative» zur Stärkung der Aktionärsrechte in der Schweiz gefunden hat, dürfte ihr zu verdanken sein.

---

[169] Vgl. Rappaport, Creating.

Geht man von dieser Vorstellung aus, dann erscheint auch die von Milton Friedman und anderen vertretene Auffassung nur allzu naheliegend, wonach Manager nicht anderes als Angestellte der Aktionäre und als solche verpflichtet sind, in deren Interesse den Profit des Unternehmens zu steigern, solange sie sich dabei an die vom Recht gesetzten Spielregeln halten.[170] Tun sie dies nicht, indem sie beispielsweise über die gesetzlichen Anforderungen hinaus in den Umweltschutz oder gewisse philanthropische Projekte investieren, ohne dass sich der damit verbundene Reputationsgewinn auch positiv auf den Gewinn des Unternehmens auswirkt, so geben sie laut Friedman faktisch das Geld anderer Leute aus.

Gegen Friedmans These lässt sich einwenden, dass aus dem Umstand, dass eine Aktiengesellschaft Eigentum ihrer Aktionärinnen und Aktionäre ist, nicht ohne Weiteres folgt, dass Managerinnen und Manager die Verpflichtung hätten, dessen Gewinn zu steigern oder gar zu maximieren. Denn zum einen könnte es sein, dass die Steigerung oder Maximierung des Gewinns gar nicht das Einzige oder Wichtigste ist, das Aktionäre tatsächlich von «ihrer» Aktiengesellschaft erwarten, sondern dass sie stattdessen bzw. zugleich der Überzeugung sind, dessen Politik sollte gewissen moralischen Standards entsprechen. Zum anderen spricht zumindest aus theologischer Perspektive einiges dafür, dass Aktionärinnen und Aktionäre selbst, sofern man sie denn als Eigentümerinnen und Eigentümer der Aktiengesellschaft versteht, in der Verwendung ihres Eigentums gewissen moralischen Verpflichtungen unterliegen, auch wenn sie sich dessen nicht bewusst sein mögen. Denn der Gedanke, dass die Verfügungsgewalt des Eigentümers über sein Eigentum begrenzt ist und dass die Verwendung von Eigentum dem allgemeinen Wohl zugutekommen soll, ist im biblischen Denken und in der theologischen Tradition fest verankert – ohne auf diese beschränkt zu sein, wie entsprechende Überlegungen Ciceros, Rousseaus, Kants oder von Rawls sowie seine Aufnahme ins deutsche Grundgesetz[171] zeigen.[172] Auf Aktiengesellschaften übertragen heisst dies, dass Mana-

---

[170] Siehe oben 8.
[171] Vgl. Art. 14, Abs. 2 GG: «Eigentum verpflichtet. Sein Gebrauch soll zugleich dem Wohl der Allgemeinheit dienen.» Die Schweizerische Bundesverfassung garantiert dagegen zwar in Art. 26 den Schutz des Eigentums, ohne damit allerdings eine Gemeinwohlverpflichtung zu verbinden.
[172] Vgl. hierzu Anzenbacher, Wandlungen, 50–64.

gerinnen und Manager nicht nur den Interessen, sondern zugleich den moralischen Verpflichtungen der Aktionärinnen und Aktionäre Rechnung zu tragen hätten, die diese als Besitzerinnen und Besitzer des Unternehmens haben.[173]

Doch auch wenn man diese beiden Einwände nicht akzeptiert, folgt daraus noch nicht, dass Friedman mit seiner These recht hat. Denn die Prämisse, wonach die Shareholder eines Unternehmens dessen Besitzer sind, erweist sich bei näherer Betrachtung als weit weniger plausibel, als sie auf den ersten Blick erscheinen mag. Denn anders als beispielsweise der Besitzer eines Autos hat eine Aktionärin der Credit Suisse keine Zugriffsgewalt auf die Bank. Während der Besitzer des Autos dessen Radio ohne Weiteres verkaufen kann, kann die Aktionärin der Credit Suisse dies mit den am Zürcher Paradeplatz befindlichen Büromöbeln nicht tun. Ihre «Eigentumsrechte» als Aktionärin beschränken sich darauf, die Firma zu kontrollieren und einen Anteil des erwirtschafteten Gewinns zu erhalten, während die Firma rechtlich betrachtet in Wahrheit sich selbst gehört:

> «[F]rom a legal perspective, shareholders do not, and cannot, own corporations. Corporations are independent legal entities that own themselves, just as human beings own themselves […] Shareholders own shares of stock. A share of stock, in turn, is simply a contract between the shareholders and the corporation, a contract that gives the shareholder very limited rights under limited circumstances […] In this sense stockholders are no different from bondholders, suppliers, and employees. All have contractual relationships with the corporate entity. None ‹owns› the company itself.»[174]

Deswegen gilt die in Friedmans Argumentation vorausgesetzte Prämisse, wonach die Anteilseigner als Eigentümer einer Aktiengesellschaft zu gelten haben, heute als überholt,[175] ohne dass damit die Behauptung, ein Unternehmen müsse im Interesse der Shareholder geführt werden, erledigt wäre. Tatsächlich verbinden die Wirtschafts- und Rechtswissenschaften, die sich mit der «Theorie der Firma» befassen den dabei dominierenden Ansatz, wonach Unternehmen auf einem «Nexus von Verträgen» beruhen, mit der These einer Shareholder-Orientierung.

---

[173] Kenneth Goodpaster hat dies wie folgt ausgedrückt: «What we must understand is that the responsibilities of management toward stockholders are of a piece with the obligations that *stockholders themselves* would be expected to honor in their own right» (Goodpaster, Business Ethics, 58).

[174] Stout, Shareholder Value Myth, 37.

[175] Norman, Theory, 155: «[T]he ‹folk theory of the firm›, whereby shareholders are special because they *own* the firm as a piece of private property, is dead. At the very least, it is anathema in the nexus-of-contracts approach.»

Der Begriff nexus of contracts geht auf Michael Jensen und William Meckling zurück, die ihrerseits an die Arbeiten von Ronald Coase sowie Armen Alchian und Harold Demsetz anknüpfen. Coase erklärte die Existenz von Firmen bzw. den Umstand, dass manche ökonomischen Aktivitäten nicht auf Märkten, sondern innerhalb von Unternehmen stattfinden, damit, dass die auf Märkten unweigerlich anfallenden Transaktionskosten mitunter über denen liegen, die mit einer auf hierarchischen Strukturen basierenden Koordination innerhalb von Firmen verbunden sind.[176] Demgegenüber hatten Alchian und Demsetz den Teamcharakter von Firmen herausgearbeitet und die Ansicht vertreten, nicht Autorität und Anweisungen seien die entscheidenden Koordinationsmechanismen innerhalb von Unternehmen, sondern auf wechselseitiger Übereinstimmung beruhende Verträge und ein funktionierendes Monitoring.[177] Jensen und Meckling wiederum haben sich diese Kritik an Coase ausdrücklich zu eigen gemacht, aber zugleich die Auffassung vertreten, Alchian und Demetz seien ihrerseits nicht weit genug gegangen:

> «We are sympathetic to the importance they attach to monitoring, but we believe the emphasis that Alchian and Demetz place on joint production is too narrow and therefore misleading. Contractual relations are the essence of the firm, not only with employees but with suppliers, customers, creditors, and so on.»[178]

Eben weil solche Vertragsbeziehungen das Wesen privater Unternehmen und von Organisationen im Allgemeinen ausmachten, sei es angemessen, sie als einen «Nexus von Verträgen» zu definieren: «The private corporation is simply one form of legal fiction that serves as nexus for contracting relationships.»[179]

Für die Frage nach der moralischen Verantwortung von Unternehmen ist dies einerseits von Bedeutung, weil diese Theorie ein komplexeres Bild der Firma zeichnet als das eines Gegenstandes, der Eigentum von Anteilseigner ist. Andererseits wird mit ihr zumeist die These verbunden, dass die Shareholder hätten innerhalb dieses Nexus eine besondere Stellung innehaben, da sie sich in einer schwächeren Position befinden als die übrigen Vertragspartner des Unternehmens. Anders als bei diesen sind ihre Ansprüche dem Unternehmen gegenüber nämlich nicht durch Verträge abgesichert. Während Arbeitnehmer Arbeitsverträge besitzen oder Fremdkapitalgeber Zinsen und Rückzahlung vertraglich festlegen können, erhalten Shareholder keinen vertraglich

---

[176] Vgl. Coase, Nature.
[177] Vgl. Alchian/Demsetz, Production.
[178] Jensen/Meckling, Theory, 88.
[179] Jensen/Meckling, Theory, 88.

fixierten Anteil dessen, was das Unternehmen erwirtschaftet. Stattdessen werden sie mit dem Residuum entschädigt, das heisst mit dem, was übrig bleibt, nachdem alle anderen Parteien ihren Verträgen entsprechend kompensiert worden sind. Da unsicher ist, welchen Gewinn ein Unternehmen abwerfe und ob es überhaupt einen Gewinn erwirtschafte, tragen die Aktionärinnen und Aktionären damit das Residualrisiko. Nicht deshalb sollten Manager demnach eine Firma treuhänderisch im Interesse der Shareholder führen, weil diese die Eigentümer der Firma sind, sondern weil sie anders als die anderen Partner innerhalb dieses Nexus ihren Anspruch nicht vertraglich abgesichert haben und stattdessen mit dem Residualeinkommen entschädigt werden. Hierfür zu sorgen wäre hiernach die Aufgabe und Pflicht der Manager, wobei die Aktionäre als Prinzipale, die Manager dagegen als deren Agenten zu betrachten sind.

Wären die Anteilseignerinnen und -eigner tatsächlich die einzige einem Residualrisiko ausgesetzte Gruppe, spräche in der Tat viel dafür, dass Managerinnen und Manager sich aus Gründen der Fairness an den Interessen der Shareholder orientierten. Ein Blick in die Unternehmenswirklichkeit zeigt allerdings, dass dies nicht der Fall ist. Vielmehr gibt es eine Reihe anderer Akteure, die firmenspezifische Investitionen tätigen, die sie durch Verträge nur unzureichend schützen können:

«Team production analysis recognizes that shareholders are not the only group to make illiquid ‹firm specific› investments in corporations. Executives, customers, creditors, suppliers, employees, and other corporate ‹stakeholders› also put time, money, and expertise into relationships with companies. These investments have value only if the company survives and thrives and the relationship is preserved.»[180]

Das bedeutet, dass Shareholder nicht die einzigen sind, die ein vom Erfolg oder Misserfolg des Unternehmens abhängiges Residualrisiko tragen:

«When a corporation does well, its board may indeed declare bigger dividends for shareholders. But the directors may also decide, in addition or instead, to give rank-and-file employees raises and greater jobs security, to provide executives with a company jet, or to retain the cash so bondholders enjoy increased protection from

---

[180] Stout, Mythical Benefits, 795f. Zur «team production theory» von Margaret Blair und Lynn Stout vgl. besonders Blair/Stout, Team Production Theory. Vgl. ferner Stout, Shareholder Value Myth; Franck, Ist es an der Zeit; sowie Osterloh/Frey, Corporate Governance, die die Bedeutung wissensbasierter Investitionen hervorheben.

the risk of corporate insolvency. Conversely, stakeholders suffer along with shareholders when times are bad, as employees face layoffs, managers are told to fly coach, and debtholders find their bonds downgraded.»[181]

Manche Anhänger einer Shareholder-Orientierung akzeptieren diesen Einwand und räumen ein, dass auch andere Gruppen vom Ergehen der Firma ebenso betroffen sein können wie die Shareholder und dass dies dem Management einer Firma nicht gleichgültig sein darf,[182] ohne deswegen freilich vom Prinzip der Shareholder-Orientierung abzurücken.

Einer von ihnen ist John Boatright. Seines Erachtens ist eine Ausrichtung auf die Interessen der Shareholder deshalb sinnvoll, weil dies dem Erfolg der Firma dient und dies wiederum allen Stakeholdern.[183] Ausgestattet mit dem Anspruch auf das Residualeinkommen hätten die Shareholder das grösste Interesse aller Beteiligten daran, dass die Firma einen möglichst hohen Profit erwirtschaftet, während die anderen Stakeholder vor allem auf die Sicherung ihrer vertraglichen Ansprüche bedacht und gegenüber neuen Investitionsmöglichkeiten weniger aufgeschlossen seien. Zudem sei die Entscheidungsfindung innerhalb des Unternehmens wesentlich effizienter und effektiver, wenn dieses sich auf die Interessen einer Anspruchsgruppe fokussiere.[184] Vom Erfolg der Firma aber würden am Ende wiederum alle profitieren, so dass eine Ausrichtung des Managements auf den Shareholder-Value letztlich im Interesse aller sei. Zwar könne es sein, dass die auf diese Weise zustande kommende Verteilung des gemeinsam erwirtschafteten Ertrags hier und da als unfair empfunden werde, doch sei es der Staat und nicht das Management, das über die Legitimität und die Mittel verfüge, um in dieser Hinsicht für einen Ausgleich zu sorgen.[185]

Boatrights Argument für eine Shareholder-Orientierung des Managements ist demnach nicht ethischer, sondern instrumenteller Natur. Tatsächlich tritt er

---

[181] Stout, Shareholder Value Myth, 41. Vom Stakeholder-Ansatz unterscheidet sich die von Stout und Blair vertretene Theorie ihrer eigenen Auffassung zufolge allerdings insofern, als sie den Verwaltungsrat nicht einfach unter die Kontrolle der Stakeholder bringen wollen, sondern in ihm die zentrale, vermittelnde Instanz sehen. Vgl. Blair/Sout, Team Production Theory, 254. Zumindest manche Vertreterinnen und Vertreter einer Stakeholder-Theorie dürften hierin nicht unbedingt einen Gegensatz sehen.

[182] Andere tun dies nicht, weil sie daran festhalten, dass den firmenspezifischen Investitionen und den damit verbundenen Risiken anderer Anspruchsgruppen in deren Verträgen mit der Firma hinreichend Rechnung getragen werde. So beispielsweise Marcoux, Fiduciary Argument, 16–19.

[183] Vgl. Boatright, Business Ethics; sowie v. a. ders, What's Wrong.

[184] So auch Hansmann, Ownership, 62–64.

[185] Vgl. Boatright, What's Wrong, 119–122.

in ethisch-normativer Hinsicht für das Stakeholder-Modell ein, da ein Unternehmen seiner Auffassung nach so geführt werden soll, dass der erwirtschaftete Ertrag allen Anspruchsberechtigten zugute kommt. Nur weil er hierin das beste Instrument zur Erreichung dieses Ziels zu sehen meint, plädiert er für eine Ausrichtung des Managements auf die Interessen der Shareholder. Ob diese instrumentelle Argumentation plausibel ist oder nicht, ist demnach keine ethische, sondern eine empirische Frage.[186] Dass sie von Kritikerinnen und Kritikern des Shareholder-Value infrage gestellt wird,[187] überrascht nicht. Erstaunlich ist allerdings, dass auch Boatright selbst in Wirklichkeit nicht viel von ihr zu halten scheint. Indem er nämlich einräumt, dass Stakeholder in der Praxis nicht so profitieren, wie es seiner Theorie zufolge der Fall sein und der Staat deshalb für einen Ausgleich allfälliger Ungerechtigkeiten sorgen sollte,[188] untergräbt er, ohne es zu wollen, das Fundament, auf dem seine Argumentation ruht.

Statt wie Boatright auf die positiven Folgen einer Shareholder-Orientierung für die Stakeholder zu verweisen, könnte man nun mit deren Nutzen für die Wohlfahrt der Gesellschaft als Ganzes argumentieren. An die Stelle des Stakeholder-Konzepts würde damit eine regelutilitaristische Begründung des Shareholder-Value treten, die als solche vielen Rechtfertigungen des Shareholder-Konzepts unausgesprochen zugrunde liegen dürfte und die Thomas Jones und Will Felps unter Berufung auf Adam Smith und Michael Jensen so zusammengefasst haben:

> «In the context of competitive markets, shareholder wealth maximization leads to economic efficiency. Efficient Markets, because they make the most productive use of society's resources, lead to greater levels of aggregate economic wealth. Greater economic wealth leads to greater social welfare.»[189]

Wirklich überzeugend ist allerdings auch diese Argumentation für eine Shareholder-Orientierung nicht, wie Jones und Felps ebenfalls darlegen, indem sie

---

[186] Boatright selbst ist sich hierüber durchaus im Klaren. Vgl. Boatright, What's Wrong, 117.

[187] Vgl. z. B. Stout, Shareholder Value Myth, 47–60.

[188] Vgl. Boatright, What's Wrong, 124.

[189] Jones/Felps, Shareholder Wealth Maximization, 216 (im Original kursiv). Vgl. dazu auch Kraakman u. a., Anatomy, 28, die den Nutzen für die Gesellschaft allerdings mit dem für die Stakeholder gleichsetzen, was mir fragwürdig erscheint: «As a normative matter, the overall objective of corporate law – as of any branch of law – is presumably to serve the interests of society as a whole. More particularly, the appropriate goal of corporate law is to advance the aggregate welfare of all who are affected by a firm's activities, including the firm's shareholders, employees, suppliers, and customers, as well as third parties such as local communities and beneficiaries of the natural environment. This is what economists would characterize as the pursuit of overall social efficiency.»

deren vier Prämissen einer Kritik unterziehen: Zum einen seien Märkte keineswegs perfekt, insofern auf ihnen nicht der in der Argumentation vorausgesetzte vollständige Wettbewerb herrsche. Zum Zweiten zeigten verschiedene Untersuchungen, dass die alleinige Konzentration auf den Shareholder-Value nicht der beste Weg sei, um die ökonomische Effizienz einer Firma über einen längeren Zeitraum zu steigern. Tatsächlich komme nämlich die Berücksichtigung der Interessen anderer Stakeholder sowie ein der moralischen Reputation förderliches unternehmerisches Handeln auch dem finanziellen Erfolg einer Firma zugute. Effizienzgewinne einzelner Firmen würden zum Dritten nicht zuletzt aufgrund negativer Externalitäten und des Allmende-Problems nicht immer die ökonomische Wohlfahrt steigern und schliesslich belege die moderne Glücksforschung, dass ökonomische Wohlfahrt nicht mit menschlichem Glück gleichgesetzt werden könne.[190]

Meines Erachtens reichen die genannten Punkte aus, um erhebliche Zweifel an der zuvor skizzierten, regelutilitaristischen Rechtfertigung einer Shareholder-Orientierung zu wecken. Mag man auch darüber streiten, ob eine solche Orientierung nicht vielleicht im Regelfall dem Erfolg eines Unternehmens und dieser wiederum der allgemeinen Wohlfahrt zugute kommt, nötigen sie m. E. doch zu der Einsicht, dass dies keineswegs immer der Fall ist.

Das führt zu dem vorläufigen Fazit, dass die moralische Verantwortung von Unternehmen bzw. von deren Managerinnen und Managern sich nicht in der Verantwortung gegenüber den Shareholdern erschöpfen kann. Denn sie sind weder die Eigentümer des Unternehmens noch die alleinigen Träger des Residualrisikos noch dient eine Orientierung an ihren Interessen stets allen Stakeholdern oder der Volkswirtschaft insgesamt.

3.2 Stakeholder-Orientierung

Die klassische Alternative zu einer Shareholder-Orientierung stellt das Stakeholder-Konzept dar, zu dessen Verbreitung seit den Achtzigerjahren des vergangenen Jahrhunderts vor allem Edward Freeman beigetragen hat.[191] Seiner Ansicht nach ist das gängige Shareholder-Modell überholt, weil Managerinnen und Manager nicht nur aus ethischen, sondern vor allem auch aus strategischen Gründen neben jenen der Anteilseigner immer auch die Interessen anderer Anspruchsgruppen berücksichtigen müssen. Als Stakeholder bezeichnet Freeman

---

[190] Vgl. Jones/Felps, Shareholder Wealth Maximization, 216–225.
[191] Vgl. v. a. Freeman, Strategic Management; sowie als Überblick: ders., Managing; Ulrich, Integrative Wirtschaftsethik, 476, nimmt für sich in Anspruch, unabhängig von Freeman und früher für ein «Anspruchsgruppenkonzept» im Kontext der Unternehmenspolitik eingetreten zu sein.

«any group or individual who can affect or is affected by the achievement of the organization's objectives»[192]. Dabei unterscheidet er zwei Gruppen von Stakeholdern: Zu den Stakeholdern im *engeren Sinne* gehören für ihn all jene, die für das Überleben und den Erfolg eines Unternehmens von vitaler Bedeutung sind.[193] Hierzu zählt er die Eigentümer, das Management, die Arbeitnehmer, die Zulieferer, die Kunden sowie die lokale Gemeinschaft, in die eine Firma eingebettet ist. Als Stakeholder in einem *weiteren Sinne* gelten ihm darüber hinaus all jene Individuen und Gruppen, die von der allgemeinen, eben zitierten Definition erfasst werden. Nicht-Regierungsorganisationen, Regierungen, Konkurrenten und Medien müssen, so Freeman, in einem instrumentellen Sinne als Stakeholder gelten, da sie die Beziehung eines Unternehmens zu seinen primären Stakeholdern beeinflussen können.[194]

Freeman war und ist der Überzeugung, dass eine Orientierung an den Interessen der Stakeholder nicht zu Lasten der Shareholder gehen muss. Im Gegenteil:

> «There is really no inherent conflict between the interests of financiers and other stakeholders. If we are correct, there is simply no way to maximize value for financiers without paying attention to the others stakeholders.»[195]

Indem Managerinnen und Manager die Interessen aller Stakeholder berücksichtigen, tun sie nach Auffassung von Freeman demnach nicht nur, was moralisch richtig, sondern zugleich auch das, was ökonomisch zumindest auf längere Sicht sinnvoll ist.[196] Ökonomisch sinnvoll ist ein solches Handeln deshalb, so das Argument, weil als Stakeholder im engeren Sinne definitionsgemäss jene gelten, die für den Erfolg des Unternehmens von vitaler Bedeutung sind. Und auch die Stakeholder im weiteren Sinne werden vom Unternehmen nicht nur beeinflusst, sondern beeinflussen es ihrerseits ebenfalls. Dies ist der Grund, weshalb Managerinnen und Manager nach Freeman gut beraten sind, wenn sie die Interessen beider Gruppen nicht ignorieren. Vielmehr sollten sie diesen Rechnung tragen, weil nur zufriedene Stakeholder einen positiven Beitrag zum Erfolg des Unternehmens leisten werden. Überflüssig wird damit zugleich ein separates CSR-Management. Denn das weite Stakeholder-Verständnis sorgt bereits dafür, dass der sozialen bzw. moralischen Verantwortung eines Unternehmens Genüge getan wird.[197]

---

[192] Freeman, Strategic Management, 46. Ganz ähnlich: Freeman, Managing, 63, und Freeman/ Harrison/Wicks, Managing, 6.
[193] Vgl. Freeman/Harrison/Wicks, Managing, 50.
[194] Vgl. Freeman/Harrison/Wicks, Managing, 51.
[195] Freeman/Harrison/Wicks, Managing, 5.
[196] Vgl. Freeman, Managing, 58–60.
[197] Vgl. Freeman, Stakeholder Approach, 230.

Auch wenn Freeman viel für die Verbreitung des Stakeholder-Gedankens – vor allem im Bereich der Management-Lehre und -Forschung – getan hat, erscheint mir sein Ansatz aus ethischer Sicht unbefriedigend. Zum einen überzeugt die von ihm behauptete Harmonie von Moral und wirtschaftlichem Erfolg nicht wirklich und zum anderen erweist sich auch seine weite Stakeholder-Definition bei näherer Betrachtung als zu weit. Beide Probleme hängen m. E. damit zusammen, dass Freeman nicht über eine in ethischer Hinsicht überzeugende Stakeholder-Konzeption verfügt.

Was zunächst die von Freeman, aber auch anderen,[198] behauptete Harmonie von Moral und wirtschaftlichem Erfolg betrifft, so ist diese These in zweierlei Hinsicht problematisch. Freeman setzt dabei nämlich erstens voraus, dass der Massstab, anhand dessen der wirtschaftliche Erfolg eines Unternehmens gemessen werden sollte, ein lang- oder zumindest längerfristiger ist,[199] was insofern nicht selbstverständlich ist, als kurzfristig orientierte Shareholder den Erfolg eines Unternehmens anders bestimmen. Insofern basiert Freemans Harmonie-Behauptung auf einem bestimmten und bereits auf unausgesprochenen moralischen Prämissen beruhenden Verständnis von geschäftlichem Erfolg. Schwerer als diese wiegt aus ethischer Perspektive freilich eine zweite Voraussetzung der von Freeman postulierten Versöhnung von unternehmerischem Erfolg und Ethik, wonach jene Individuen und Gruppen, die heute von den Handlungen einer Firma betroffen sind, diese jetzt oder in Zukunft ebenfalls beeinflussen können.[200] Denn nur unter dieser Voraussetzung macht es mit Blick auf den geschäftlichen Erfolg Sinn, die Interessen dieser Individuen und Gruppen zu berücksichtigen. Doch genau diese Voraussetzung ist längst nicht immer erfüllt. Es gibt Individuen und Gruppen, deren Einfluss auf das Unternehmen auch in Zukunft gering sein wird, die aber selbst von den Entscheidungen des Managements betroffen sind, wie beispielsweise die chinesischen Angestellten der Zuliefererfirma eines transnational operierenden Technologiekonzerns, und die deshalb moralisch berücksichtigt werden sollten.

Hinzu kommt eine weitere Schwierigkeit, die darin besteht, dass Freemans weite Stakeholder-Definition sich bei näherer Betrachtung, wie gesagt, als zu weit erweist: Sie schliesst nicht nur Nichtregierungsorganisationen wie Greenpeace oder amnesty international ein, sondern auch Terroristinnen und Terroristen, die ja durchaus Einfluss auf ein Unternehmen nehmen könnten. Dies zu berücksichtigen mag zwar durchaus klug sein, doch ist fraglich, ob es unabhängig davon auch moralisch geboten ist.[201] Darüber hinaus würde der Begriff

---
[198] Vgl. z. B. Post/Preston/Sachs, Redefining; Sachs/Rühli, Stakeholders.
[199] Vgl. Freeman/Harrison/Wicks, Managing, 48.
[200] So bereits Ulrich, Integrative Wirtschaftsethik, 480.
[201] Ebenso wiederum Ulrich, Integrative Wirtschaftsethik, 480f.

schliesslich vollends seinen Gehalt verlieren, wenn im Grunde alle als Stakeholdern eines Unternehmens gelten, weil ja alle immer irgendwie betroffen sind. Denn nur wenn es auch Nicht-Stakeholder gibt, ist es sinnvoll, überhaupt von Stakeholdern zu sprechen, denen ein Unternehmen mehr schuldet als anderen und nicht einfach deshalb, weil es sich bei ihnen um Menschen bzw. moralisch relevante Entitäten handelt.[202]

Die zuvor genannten Schwierigkeiten rühren vermutlich daher, dass es Freeman vor allem darum geht, Managerinnen und Manager von der Notwendigkeit zu überzeugen, Stakeholder und deren Interessen zu beachten.[203] Dies führt dazu, dass er das Problem einer ethisch-normativen Begründung des Stakeholder-Ansatzes unterschätzt. Anders als Thomas Donaldson und Lee Preston, die dafür plädiert haben, zwischen einem deskriptiven, einem instrumentellen und einem normativen Aspekt der Stakeholder-Theorie zu differenzieren,[204] hält es Freeman für richtig, diese Aspekte gerade nicht zu unterscheiden. Denn eine trennscharfe Differenzierung sei ohnehin nicht möglich und entsprechende Versuche nur dazu angetan, die Dichotomie von Wirtschaft und Moral zu verstärken, anstatt sie zu überwinden.[205] Mag eine solche Haltung aus der Sicht eines Managementtheoretikers auch naheliegend sein, so wird Freeman damit doch der Eigenlogik der Moral nicht gerecht, die nach Berücksichtigung von Stakeholder-Interessen auch (und gerade) dort verlangt, wo diese aus strategischen Gründen getrost vernachlässigt werden könnten.[206]

---

[202] So mit Recht Phillips, Stakeholder Theory and A Principle of Fairness, 53f.

[203] Vgl. Freeman, Stakeholder Approach, 229.

[204] Vgl. Donaldson/Preston, Stakeholder Theory. In deskriptiver Hinsicht geht es hierbei darum, inwieweit Manager verschiedene Anspruchsgruppen faktisch berücksichtigen, während der instrumentelle Aspekt die Frage betrifft, welche Beziehungen zwischen dem Stakeholder-Management und der Erreichung von Unternehmenszielen bestehen. Normativ orientierte Arbeiten untersuchen schliesslich die moralischen Argumente, die sich für die Berücksichtigung bestimmter Interessengruppen geltend machen lassen, und formulieren entsprechende Empfehlungen.

[205] Vgl. Jones/Wicks/Freeman, Stakeholder Theory, 25–27. Vgl. auch Freeman, Managing, 60f.

[206] Auch die viel beachtete, von Mitchell/Agle/Wood, Toward a Theory, vorgeschlagene «Theory of Stakeholder Identification and Salience», die sich an den Attributen Macht, Legitimität und Dringlichkeit orientiert, wird diesem Anspruch nicht gerecht, insofern sie Legitimität nicht ethisch bestimmt, sondern mit gesellschaftlicher Akzeptanz verbindet und überdies mit den beiden anderen Attributen «verrechnet». Gerade jene Stakeholder, die von ihnen als «dependent» oder «discretionary» bezeichnet werden und deren Berücksichtigung damit dem Ermessen des Managements anheim gestellt wird, müssten aus ethischer Perspektive besonders beachtet werden, auch wenn es ihnen an Macht mangelt, um ihren «legitimen» Ansprüchen Nachdruck zu verleihen.

Eine ethisch gehaltvolle Stakeholder-Theorie muss die Frage beantworten können, wer als moralisch legitimer Stakeholder eines Unternehmens gilt? Wessen Interessen sollten auch dann berücksichtigt werden, wenn dies nicht dem ökonomischen Erfolg des Unternehmens dient? Während man bei Freeman vergeblich nach einer befriedigenden Antwort auf diese Frage sucht,[207] hat der Unternehmensethiker Robert Phillips einen weiterführenden Vorschlag gemacht, mit dem er die Schwächen des prudentiellen Modells von Freeman zu überwinden versucht[208] und der auf dem Gedanken der Fairness beruht.

Phillips geht von der von Adam Smith her bekannten Vorstellung aus, wonach ökonomische Interaktionen Kooperationen zum wechselseitigen Vorteil sind.[209] Des Weiteren nimmt er an, dass solche Kooperationen mit Beiträgen von und Einschränkungen für die Beteiligten verbunden sind und dass dabei immer auch die Möglichkeit zum Trittbrettfahren auf Kosten anderer besteht. Phillips' entscheidende, an John Rawls und andere anknüpfende These ist nun, dass die Beteiligung an einer Kooperation dieser Art bzw. die freiwillige Annahme der aus ihr hervorgehenden Früchte[210] zur Fairness verpflichtet:

«Whenever persons or groups of persons voluntarily accept the benefits of a mutually beneficial scheme of co-operation requiring sacrifice or contribution on the parts of the participants and there exists the possibility of free-riding, obligations of fairness are created among the participants in the co-operative scheme in proportion to the benefits accepted.»[211]

Auf Firmen bezogen bedeutet dies: Indem Unternehmen mit Mitarbeitenden, Zulieferern, Kundinnen und Kunden, Aktionärinnen und Aktionären sowie der lokalen Gemeinschaft, in die sie eingebettet sind, kooperieren, übernehmen sie ihnen gegenüber eine Verpflichtung zur Fairness. Eben dies ist es, was die genannten Individuen und Gruppen gemäss Phillips zu eigentlichen Stakeholdern der Firma macht und was sie von anderen Individuen und Gruppen unterscheidet.

---

[207] Tatsächlich würde eine solche ethisch-normative Begründung wohl Freemans Anliegen einer Harmonisierung von deskriptiver, instrumenteller und ethischer Herangehensweise gefährden. Dies dürfte erklären, warum Freeman zwar in verschiedenen Arbeiten mögliche ethische Herangehensweisen skizziert, sie aber kaum je wirklich ausgearbeitet hat und selbst auch in ethischer Hinsicht eine pragmatische Sicht favorisiert (vgl. Freeman, Managing, 66f.).

[208] Vgl. Phillips, Stakeholder Theory and A Principle of Fairness, 52–54.

[209] Vgl. Phillips, Stakeholder Theory and Organizational Ethics, 87.

[210] Vgl. Phillips, Stakeholder Theory and Organizational Ethics, 91. Diese gilt, so Phillips, unabhängig davon, ob der Betreffende dem explizit zugestimmt oder dies stillschweigend angezeigt hat. Ausschlaggebend sei sein Verhalten: Indem jemand beispielsweise von dem, was andere zu einer Frühstücksrunde im Büro mitgebracht haben, profitiert, ohne selbst etwas beigetragen zu haben, verletzt er das Prinzip der Fairness, auch wen er selbst erklärt, er lehne die Idee einer solchen Frühstückrunde ab. Vgl. ebd., 99–107.

[211] Phillips, Stakeholder Theory and Organizational Ethics, 92.

Dass es auch unter diesen anderen solche gibt, die ein Unternehmen besonders beachten muss, bestreitet Phillips keineswegs. Allerdings handle es sich bei ihnen eben nicht um *primäre*, sondern nur um *mittelbare* bzw. Stakeholder in einem *abgeleiteten* Sinne: Besondere Berücksichtigung würden Medien, Öko-Aktivisten, Terroristen und andere nicht um ihrer selbst willen verdienen, sondern aufgrund ihrer Fähigkeit, die Organisation und deren primäre Stakeholder zu beeinflussen, in deren Interesse eine Firma geführt werden sollte. Sollte eine Firma mittelbare Stakeholder demnach nicht aus moralischen, sondern aus strategischen Gründen berücksichtigen, so trägt sie gegenüber jenen, die weder als normative noch als mittelbare Stakeholder gelten können, keine besonderen – über das, was allen Menschen als Menschen geschuldet ist – hinausreichenden moralischen Pflichten.

Durch die Überlegung, dass mit Kooperationen zum wechselseitigen Vorteil eine moralisch begründete Verpflichtung zur Fairness[212] einhergeht, hat Phillips die Stakeholder-Theorie einen wichtigen Schritt vorangebracht. Denn dies erlaubt es, eine normativ gehaltvolle und auch plausible Antwort auf die Frage zu geben, wer als Stakeholder einer Firma gelten soll und weshalb.[213]

Weniger überzeugend ist hingegen Phillips' Antwort auf die Frage, wie die postulierte Stakeholder-Fairness erreicht wird. Zwar ist seine These, wonach die verschiedenen Stakeholder ihren Beiträgen entsprechend berücksichtigt werden sollten, durchaus einleuchtend.[214] Dass reale Dialoge zwischen den Stake-

---

[212] Darüber, ob der von Phillips in diesem Zusammenhang im Anschluss an John Rawls verwendete Fairness-Begriff glücklich gewählt ist, kann man allerdings streiten, suggeriert er doch, Firmen wären nur ihren Stakeholdern gegenüber zur Fairness verpflichtet, nicht aber gegenüber ihren Konkurrenten oder gegenüber den Medien, was falsch und sicher von Phillips auch nicht intendiert ist. Präziser müsste man deshalb von einer bestimmten Form von Stakeholder-Fairness sprechen, die weitere Formen der Fairness anderen gegenüber nicht ausschliesst.

[213] Dem scheinen auch Jones/Felps, Stakeholder Happiness Enhancement, 357, zuzustimmen, wenn sie an Phillips' Bestimmung von «normatively legitimate stakeholders» anknüpfen. Unklar ist jedoch, wie sich dies zu ihrer eigenen, an dieser Stelle ebenfalls vorgetragenen instrumentellen Rechtfertigung einer Stakeholder-Orientierung verträgt, wonach eine solche Orientierung angesichts von begrenzter Rationalität, unvollständigen Informationen und individuellem Gewinnstreben eine realistische Annäherung an das aus utilitaristischer Perspektive anzustrebende grösste Glück der grössten Zahl bietet.

[214] Vgl. Phillips, Stakeholder Theory and Organizational Ethics, 162: «According to the principle of stakeholder fairness, stakeholders should have a slice of the organizational outputs and a voice in how value is added by the organization that is consistent with their contributions to the organization [...] Voice and share – and therefore a sort of priority – should be based on contribution to the organization. The more a stakeholder group contributes to the organization, the greater the voice and share of value created should be.»

holdern, wie Phillips unter Berufung auf die Diskursethik fordert, das geeignete Mittel sind, um dies im jeweiligen Fall zu ermitteln, scheint mir jedoch zweifelhaft.[215] Abgesehen davon, dass am Vorbild der Frankfurter Diskursethik orientierte Stakeholder-Dialoge, wie sie Phillips empfiehlt, meiner Ansicht nach keine notwendige Bedingung für eine faire Kooperation darstellen, erscheint mir dieser Vorschlag auch nicht praxistauglich – auch wenn Phillips ihn nicht als Plädoyer für eine demokratische Organisation von Unternehmen oder Stakeholder-Boards verstanden wissen will.[216] Denn permanente Stakeholder-Dialoge, in denen die Bedingungen der Kooperation stets aufs Neue ausgehandelt oder auf den Prüfstand gestellt werden, gefährden die effiziente Führung eines Unternehmens, für die Zeit bekanntermassen ein wichtiger Faktor ist. Wichtiger für die Herstellung von Fairness in den Stakeholder-Beziehungen dürften deshalb Verträge sein, deren man sich in der Wirtschaft üblicherweise zur Senkung von Transaktionskosten und zur Steigerung der Effizienz bedient, ohne dass sie freilich ihrerseits eine Gewähr für eine faire Verteilung des erwirtschafteten Ertrages bieten. Denn zum einen ist nicht jeder Vertrag ein fairer Vertrag und zum anderen sind sie notorisch unvollständig, insofern sich die Zukunft nicht mit Sicherheit vorhersehen lässt, immer vollständigere Verträge mit immer höheren Kosten verbunden sind und erst eine gewisse Offenheit von Verträgen einen «produktiven Umgang mit auftretenden Änderungen der Situation»[217] erlaubt.

Folgt man dem lutherischen Unternehmensethiker Stewart Herman, dann würde es sich allerdings nahelegen, nicht länger in der Kategorie des Vertrags zu denken, sondern das gegenüber Stakeholdern geforderte Verhalten stattdessen mit dem Symbol des Bundes zu beschreiben.[218] Vertrag und Bund ähneln einander zwar, insofern beide ein Mittel zur Bewältigung von Verletzlichkeit, Abhängigkeit und Kontingenz darstellen. Weil Verträge stets unvollständig sind, vermögen sie die Gefahr der Ausnutzung der Schwäche des einen Vertragspartners durch den anderen nicht zu beseitigen. Deswegen mangelt es ihnen

---

[215] Vgl. Phillips, Stakeholder Theory and Organizational Ethics, 109f.

[216] Vgl. Phillips, Stakeholder Theory and Organizational Ethics, 160, der solche Strukturen damit allerdings auch nicht ausschliessen will.

[217] Homann/Suchanek, Ökonomik, 125f.

[218] Vgl. Herman, Durable Goods; sowie ders., Modern Business Corporation; und ders., Potential. Dass ein Lutheraner wie Herman den sonst meist mit der reformierten Theologie assoziierten Bundesbegriff aufgreift, ist ungewöhnlich. Herman selbst verbindet seine Rezeption des Bundesbegriffs mit einer Kritik an Luthers «Zwei-Reiche-Lehre». Vgl. dazu Herman, Luther; sowie die diesbezügliche Kritik von Fetzer, Verantwortung, 345–355. Vor Herman haben bereits andere Vertreter theologischer Business Ethics vorgeschlagen, den Bundesbegriff für die Unternehmensethik fruchtbar zu machen. Vgl. beispielsweise Sturm, Corporations; McCoy, Management; und Stackhouse/McCann, Postcommunist Manifesto.

auch an Dauerhaftigkeit. Ein Bund hingegen zeichnet sich nach Ansicht von Herman nicht zuletzt dadurch aus, dass die beteiligten Partner einander versprechen, etwaige Schwächen des andern nicht zum eigenen Vorteil auszunutzen, und zwar dauerhaft und im Wissen um die Kontingenz zukünftiger Entwicklungen.[219] Dies sei es auch, was den biblischen Bundesgedanken charakterisiere: Dass Gott trotz der Schwäche und Wankelmütigkeit der Menschen zu dem stehe, was er Noah, Abraham und dem Volk Israel versprochen habe, und seinem Bund treu bleibe.[220]

Herman ist überzeugt, dass zwischenmenschliche Kooperationen diesem Vorbild entsprechen und Bundescharakter annehmen können und sollen. Dies gilt seines Erachtens nicht nur für persönliche Beziehungen wie eine Freundschaft oder Ehe, sondern auch für Wirtschaftsunternehmen:

> «The vision is this: God has a project, to create and sustain a people of faith. God works through every kind of human relationship, to bring the whole human commonwealth into covenantal relations of mutual respect, care, and justice. No sphere of human life, not even the most hard-nosed business enterprise, is immune to God's influence or lies beyond God's claim.»[221]

Dass menschliche Beziehungen aller Art und selbst gewinnorientierte Unternehmen Bundescharakter erlangen, sei keineswegs eine fromme Utopie, sondern eine Realität, betont Herman und sieht eine Aufgabe theologischer Ethik darin, diesen Sachverhalt zu erhellen. Er selbst beteiligt sich an diesem Unternehmen, indem er die Geschichte der wechselvollen Beziehungen zwischen Arbeitgebern und Arbeitnehmern im Licht der biblischen Bundesschlüsse zwischen Gott und Israel interpretiert.[222] Dabei zeigt sich seines Erachtens, dass man im Hinblick auf die Beziehung zwischen amerikanischen Arbeitgebern und Arbeitnehmern durchaus von Bündnissen sprechen kann: Beide Seiten fanden zu einer verlässlichen Zusammenarbeit, indem sie in ihrem gemeinsamen Interesse darauf verzichtet haben, allfällige Schwächen der anderen Partei zu ihrem eigenen Vorteil auszunutzen.[223] Auch wenn dies nicht immer durchgehalten und Bündnisse – wie schon in der Bibel – mancherorts gebrochen

---

[219] Vgl. Herman, Durable Goods, 38–40.

[220] Vgl. Herman, Durable Goods, 43–54.

[221] Herman, Durable Goods, 192.

[222] Vgl. Herman, Durable Goods, 40: «The point to be proven is not just that management and employees ought to covenant but that they already are covenanting – and breaking covenants – because making and breaking promises of all kinds is the best way they pragmatically have discovered of coping with the kind of contingency they present to each other.»

[223] Vgl. Herman, Durable Goods, 39.

wurden, ist Herman überzeugt, dass man auch im Hinblick auf Wirtschafts-unternehmen von «bündnishaften Gemeinschaften» sprechen kann.[224]

Herman versteht sich selbst als ein in der Tradition Reinhold Niebuhrs stehender «christlicher Realist». Als solcher will er einen Mittelweg einschlagen zwischen theologischen Wirtschaftsethikern, die sich auf die Seite der Arbeitnehmerinnen und Arbeitnehmer stellen und in prophetischer Manier Kritik an der Wirtschaft im Allgemeinen und der Arbeitgeberschaft und dem Management im Besonderen üben, und anderen, die sich in seinen Augen ebenfalls allzu unkritisch auf die Seite des Managements schlagen und in ihm die für unternehmerischen Erfolg entscheidende Kraft sehen.[225] Tatsächlich kann man Herman zugute halten, dass er den Anteil von Arbeitgeberschaft und Management auf der einen und Arbeitnehmerschaft auf der anderen Seite sowie die Bedeutung einer vertrauensvollen Zusammenarbeit beider Seiten für den Erfolg eines Unternehmens plausibel herausarbeitet und betont. Dennoch vermag sein Versuch, Unternehmen bundestheologisch zu interpretieren nicht zu überzeugen, da seine empirische Basis zu schmal und seine Aussage deshalb nicht realistisch genug ist.

Herman stützt seine These, wonach Unternehmen Bundescharakter annehmen können, auf eine Analyse der Entwicklung des Verhältnisses von Managern und Arbeitnehmern in den Vereinigten Staaten des 19. und 20. Jahrhunderts. Doch unabhängig davon, ob diese Analyse nun zutreffend ist oder nicht, reicht sie als Basis für die These, die sie stützen soll, nicht aus, weil damit noch nichts über das Verhältnis des Unternehmens zu seinen übrigen Stakeholdern gesagt ist. Tatsächlich wird man einem Unternehmen aber erst dann Bundescharakter attestieren dürfen, wenn dieses nicht nur zu einer, sondern zu allen seinen Stakeholder-Gruppen entsprechende Beziehungen unterhält. Geht man darüber hinaus mit Herman davon aus, dass ein Bund sich nicht zuletzt durch Beständigkeit auszeichnet, dann ist zu vermuten, dass solche Beziehungen am ehesten in kleineren und mittleren Unternehmen mit geringer Mitarbeiterfluktuation und stabilen Beziehungen zu Kunden und Zulieferern entstehen können, kaum jedoch bei grossen, an der Börse kotierten und auf verschiedene Standorte verteilte Firmen mit einer Vielzahl von Zulieferern und Kunden und einem fluidem, an raschem Gewinn orientierten Aktionariat. Seine These ist zumindest im Hinblick auf diese Unternehmen weit weniger realistisch als dies sein «christlicher Realismus» vermuten lassen würde.

Hinzu kommt ein anderer Punkt, der nicht nur Hermans These betrifft, sondern auch den Stakeholder-Ansatz, der durch sie vertieft werden soll. Beide

---

[224] Vgl. Herman, Durable Goods, 5.
[225] Vgl. Herman, Durable Goods, 21–32.

reichen nämlich nicht hin, um die moralische Verantwortung von Unternehmen zu bestimmen. Weder bündnishafte Beziehungen zwischen den Mitarbeitenden (und Stakeholdern) eines Unternehmens noch die faire Berücksichtigung der Interessen legitimer Stakeholder im Sinne von Phillips bieten bereits eine Garantie für die moralische Qualität des betreffenden Unternehmens. Zwar mag jeder Bund etwas Gutes für die daran Beteiligten sein, doch steht nicht jeder Bund zugleich im Dienst einer guten Sache, wie man sich leicht am Beispiel einer Räuberbande klarmachen kann. Herman ist sich dieses Umstandes bewusst,[226] ohne ihm allerdings weiter Rechnung zu tragen, und auch Phillips erkennt ihn zumindest indirekt an, wenn er erklärt, dass ein Unternehmen die Interessen von Stakeholdern über das hinaus berücksichtigen müsse, was es allen Menschen allein aufgrund ihres Menschseins schulde.[227]

Das vorläufige Fazit am Ende dieses Abschnitts lautet demnach, dass die moralische Verantwortung von Unternehmen nicht, wie Freeman behauptet hat, mit der moralischen Verantwortung gegenüber ihren Stakeholdern gleichgesetzt werden kann. Auch wenn man wie Phillips (und andere) der Auffassung ist, Unternehmen hätten aus Gründen der Fairness (oder aus anderen Erwägungen) gewisse moralische Pflichten gegenüber ihren Stakeholdern, so ist damit noch nicht alles über die moralische Verantwortung von Unternehmen gesagt.

3.3 Marktversagen

Da also auch das Stakeholder-Konzept nicht gänzlich zu überzeugen vermag, stellt sich die Frage, ob es ein geeigneteres Konzept gibt, um die moralische Verantwortung von Unternehmen zu bestimmen. Ein weiterführender und auch aus theologischer Sicht interessanter Vorschlag kommt vom der kanadischen Philosophen Joseph Heath, der sein eigenes Konzept als *market failures*

---

[226] Vgl. Herman, Durable Goods, 176: «Not all instances of collaboration between management and employees are economically viable, nor even coventally valuable; their mutuality needs to be regulated with reference to broader aims and values, as Aristotle long ago noted about genuine friendship.»

[227] Siehe oben 70. Auf die fehlende Berücksichtigung von «unspezifisch investierten» und von «Nicht-Stakeholdern» innerhalb der Stakeholder-Theorie macht auch Brink, Philosophie, 324–328, aufmerksam. An Schärfe gewinnt dieses Problem noch dadurch, dass jene Gruppen, die gewöhnlich als legitime Stakeholder bzw. Stakeholder im engeren Sinne gelten, in der Praxis nicht unbedingt diejenigen sind, die am meisten zu verlieren haben und nicht selbst für ihre Interessen eintreten könnten. Vgl. hierzu die entsprechende Argumentation von Joseph Heath (Siehe unten 78).

approach bezeichnet, weil die Problematik des Marktversagens seines Erachtens von grundlegender Bedeutung für die Bestimmung der moralischen Verantwortung von Unternehmen ist.[228]

Heath hält sowohl das Stakeholder- als auch das Shareholder-Konzept für unzureichend. Seine Kritik am Stakeholder-Konzept beruht im Wesentlichen auf zwei Argumenten.[229] Zum einen verweist Heath auf die z. T. bereits erwähnten, mit der Bestimmung des Stakeholder-Begriffs verbundenen Schwierigkeiten. Gehe man von einer weiten Definition aus, verliere das Konzept seinen «Witz», weil auf diese Weise alle zu Stakeholdern würden und so der mit dem Stakeholder-Gedanken verbundene Anspruch auf besondere Berücksichtigung verloren ginge. Eine enge Stakeholder-Definition sei dagegen ethisch problematisch, weil dadurch jene Gruppen bevorzugt würden, die nicht notwendigerweise am stärksten betroffen, aber am besten organisiert seien, wie z. B. die Arbeitnehmer. Unzureichend ist das Stakeholder-Konzept nach Heath zum anderen auch deshalb, weil die Forderung nach gleichzeitiger Berücksichtigung unterschiedlicher Stakeholder-Ansprüche zu unlösbaren Governance-Problemen führe, indem es dem Management allzu grosse Handlungsspielräume eröffne, Aktionärinnen und Aktionäre vertreibe und so den Firmen erheblichen Schaden zufüge.

Aus Governance-Erwägungen und damit aus ganz ähnlichen Überlegungen wie John Boatright und ebenfalls in Anlehnung an die Untersuchungen von Henry Hansmann erachtet Heath deshalb eine Shareholder-Orientierung des Managements grundsätzlich für sinnvoller.[230] Für eine solche Orientierung spricht dabei auch in seinen Augen weder das Eigentums- noch das Residualrisiko-Argument noch der Verweis auf vertragliche Vereinbarungen, sondern vielmehr die Einsicht, dass die Gruppe der Shareholder am besten geeignet ist, für eine effiziente Unternehmensführung im Sinne aller Stakeholder[231] und zum Nutzen der Gesellschaft als ganzer zu sorgen.[232] Den entscheidenden Grund hierfür sieht Heath mit Hansmann darin, dass Shareholder eine ausgesprochen homogene Gruppe mit gleichgerichteten Interessen sind, die in der Lage ist, dem Management ein klares Ziel vorzugeben:

> «[O]ne of the advantages of shareholder primacy is that it gives the firm's managers a single, reasonably coherent objective, one that is also reasonably easy to observe

---

[228] Vgl. hierzu und im Folgenden Heath, Morality. Dieser Sammelband enthält verschiedene, früher veröffentlichte Aufsätze von Heath.

[229] Vgl. hierzu Heath, Morality, 42–67 und 79–85.

[230] Siehe oben 65.

[231] Vgl. Heath, Morality, 65.

[232] Vgl. hierzu Heath, Morality, 116–141.

and quantify [...] As a result, it is much more difficult for managers to make excuses for poor performance when they are being held to account by shareholders [...] Similarly, the orientation of most shareholders toward maximization of returns, combined with an active stock market in which they can unload their shares, combine to impose a ‹hard budget constraint› on firms, which in turn has salutary effects on the motivation of managers.»[233]

Auch wenn das Shareholder- dem Stakeholder-Modell deswegen seines Erachtens klar überlegen ist, hält Heath es dennoch, wie gesagt, für unzureichend. Verantwortlich hierfür sind in seinen Augen die Unzulänglichkeiten real existierender Märkte, die innerhalb der Wirtschaftswissenschaften als *Marktversagen* bezeichnet werden. Unter idealen Bedingungen würden freie Märkte, auf denen ein vollständiger Wettbewerb von Angebot und Nachfrage herrscht, dem neoklassischen Paradigma entsprechend bekanntermassen zu einer effizienten Allokation knapper Ressourcen führen. Heath teilt diese Überzeugung und sie ist der Grund, weshalb es seines Erachtens nicht nur im Interesse der Stakeholder, sondern der Gesellschaft als ganzer ist, wenn das Management eines Unternehmens durch die Shareholder dazu gebracht wird, den Profit des Unternehmens zu maximieren:

«[T]he central rationale for having private profit-seeking firms is to establish competition among supplieres and consumers. This competition drives prices toward market-clearing levels, allowing society in turn to generate a more efficient allocation of its resources and labor time.»[234]

Auch wenn dieses Modell auf dem Papier überzeugend wirken mag, stösst es in der Praxis anerkanntermassen an Grenzen. Denn die Annahmen, auf denen es basiert, sind in der Realität häufig nicht oder nur eingeschränkt gegeben[235]. Als Marktversagen werden dabei in der Volkswirtschaftslehre verschiedene Unzulänglichkeiten real existierender Märkte bezeichnet, nämlich der Umstand, dass Produktion und Konsum externe, d. h. nicht «eingepreiste» Kosten und Nutzen (so genannte Externalitäten) erzeugen können, dass fehlender Wettbewerb, Informationsprobleme und Manipulationen zu einer suboptimalen Allokation von Gütern und Dienstleistungen führen können und dass der Markt nicht für eine gerechte Verteilung von Gütern zu sorgen vermag.[236]

---

[233] Heath, Morality, 123f.
[234] Heath, Morality, 31.
[235] Wo dies nicht gesehen wird, unterliegt man, so Ulrich, Wirtschaftsethik, 177, dem Irrglauben an eine «*Metaphysik des Marktes*».
[236] Vgl. hierzu etwa Beck, Volkswirtschaft, 109; Mankiv/Taylor, Grundzüge, 13f., 229–252; sowie, was Joseph Heaths Ansatz betrifft, Heath, Morality, 33–36, 86–89 und 132–136.

In der Theorie und oft auch in der Praxis ist es der Staat, dem die Aufgabe zugeschrieben wird, diese Marktversagen zu korrigieren, indem er z. B. Gesetze erlässt, die die Umweltverschmutzung eindämmen, oder indem er durch den Bau von Strassen oder die Finanzierung von Grundlagenforschung öffentliche Güter bereitstellt. Allerdings ist der Staat nur in begrenztem Masse dazu imstande, die verschiedenen Marktversagen wirksam zu korrigieren. Zum Teil mangelt es ihm an den hierfür erforderlichen Informationen, zum Teil wäre der finanzielle Aufwand, den er bei einer solchen Korrektur betreiben müsste, zu hoch, wie Heath feststellt.[237] Auch für die Unternehmensethik ist dieser Sachverhalt seines Erachtens von fundamentaler Bedeutung, denn er entwickelt von hierher die Begründung für eine moralische Verantwortung von Unternehmen. Diese besteht seiner Auffassung nach nämlich darin, allfällige Marktversagen nicht zum eigenen Vorteil auszunutzen.[238] Nicht aufgrund von Verpflichtungen gegenüber Stakeholdern oder aus allgemeinen moralischen Erwägungen sollten Unternehmen demnach bestimmte moralische Pflichten zugeschrieben werden, sondern weil sie eine Mitverantwortung für das Funktionieren des Marktmechanismus tragen. Heath erläutert dies am Beispiel der Werbung:

> «Corporations, for instance, are often in a position where they can produce advertising that will quite likely mislead the consumer, but which stops short of outright falsity. In a perfect world, advertising would provide nothing more than truthful information about the qualities and prices of goods. However, the vagaries of interpretation make it impossible to prohibit anything but the most flagrant forms of misinformation. Thus misleading advertising stand to false advertising as deception does to fraud. It is something that would be illegal, were it not for practical limitations on the scope of the legal mechanism. Profiting from such actions is therefore morally objectionable, not because it violates some duty of loyalty to the customer (as stakeholder theory would have it), but because it undermines the social benefits that justify the profit orientation in the first place.»[239]

Heath ist der Überzeugung, dass dies den Erwartungen entspricht, die für gewöhnlich gegenüber Wirtschaftsunternehmen hegen. Diese hätten nämlich zumeist nichts dagegen, wenn Unternehmen davon profitieren, dass sie ihre Waren und Dienstleistungen zu einem fairen Preis anbieten. Was hingegen Empörung auslöse, seien Firmen, die Unzulänglichkeiten real existierender Märkte zu ihrem eigenen Vorteil ausnutzen würden.

---

[237] Vgl. Heath, Morality, 89.
[238] Heath, Morality, 89.
[239] Heath, Morality, 89f.

Um keinen Nutzen aus Marktversagen zu ziehen, sollten Unternehmen sich Heath so verhalten, als würde auf dem Markt vollständiger Wettbewerb herrschen, auch wenn dies faktisch nicht der Fall ist. Der damit verbundene Verzicht auf reizvolle geschäftliche Opportunitäten stellt offenkundig eine anspruchsvolle Anforderung an Unternehmen dar.[240] Dies wird noch deutlicher, wenn man sich eine Liste von konkreten Forderungen vor Augen führt, die Heath hieraus ableitet: [241]

1. Minimize negative externalities.
2. Compete only through price and quality.
3. Reduce inormation asymmetries between firm and customers.
4. Do not exploit diffusion of ownership.
5. Avoid erecting barriers to entry.
6. Do not use cross-subsidization to eliminate competitors.
7. Do not oppose regulation aimed at correcting market imperfections.
8. Do not seek tariffs or other protectionist measures.
9. Seek price levels as exogenously determined.
10. Do not engage in opportunistic behavior toward customers or other firms.

Darüber, dass diese moralischen Forderungen nicht nur anspruchsvoll sind, sondern Unternehmen auch überfordern können, sofern ihre unilaterale Befolgung zu einer erheblichen Benachteiligung gegenüber der Konkurrenz führt, ist sich Heath im Klaren. Hinfällig werden sie seines Erachtens deswegen allerdings nicht. Vielmehr hat ein Unternehmen in einem solchen Fall seiner Ansicht nach die Aufgabe, sich gemeinsam mit oder auch gegenüber Konkurrenten für eine Veränderung der herrschenden Bedingungen einzusetzen, so dass die genannten Forderungen in Zukunft tatsächlich erfüllbar sind, ohne dass die betreffenden Unternehmen ruinöse Konsequenzen für ihr eigenes Geschäft befürchten müssten.[242]

Dass seine Forderung, Marktversagen nicht zum eigenen Vorteil und zum Schaden der gesamten Gesellschaft auszunutzen, nicht aus der Luft gegriffen ist, versucht Heath mit einem Vergleich mit dem Sport zu verdeutlichen. Weil man es auch dort mit Konkurrenzverhältnissen zu tun hat, lassen sich moralische Normen aus dem Sport seiner Überzeugung nach nämlich in analoger

---

[240] Tatsächlich empfehlen manche Strategieratgeber Managern explizit, Marktversagen auszunutzen. Heath, Morality, 201, verweist im Anschluss an Appelbaum, Ethics, 194–197, auf entsprechende Ratschläge Michael E. Porters.
[241] Heath, Morality, 37.
[242] Vgl. Heath, Morality, 38.

Weise auf die Wirtschaft übertragen.[243] Ebenso wie von Sportlerinnen und Sportlern könne man deshalb von Akteurinnen und Akteuren der Wirtschaft verlangen, dass sie ihre Konkurrenten nicht mit allen erlaubten und unerlaubten Mitteln bekämpfen, sondern sich sportlich und fair verhalten, indem sie nicht nur die Regeln achten, sondern auch den Geist des Spiels bzw. des wirtschaftlichen Wettbewerbs.[244] Nur so sei nämlich gewährleistet, dass beide Bereiche ihre jeweiligen Zwecke erfüllen. Zwar sind Managerinnen und Manager demnach moralisch nicht verpflichtet, die Steigerung des gesellschaftlichen Wohlstandes anzustreben. Sie dürfen sich im Vertrauen auf den von Adam Smith beschriebenen Marktmechanismus[245] durchaus auf die Interessen ihres eigenen Unternehmens konzentrieren. Allerdings sollten die von ihnen verfolgten Strategien, so die These von Heath, im Einklang mit dem stehen, was er selbst als Zweck marktwirtschaftlicher Ordnung ansieht:

«Managers need not intend the greater social good; they may adopt competitive strategies with an eye only toward the maximization of profit. However, the strategies that they adopt in order to obtain profit must be consistent with the greater social good that serves as the ‹purpose› of market economy, namely, efficiency in the production and allocation of goods and services.»[246]

Einer der Vorzüge dieses Vorschlags besteht darin, dass er an ein Konzept anknüpft, das in den Wirtschaftswissenschaften etabliert und deshalb geeignet ist, die zwischen Ökonomik und Ethik existierende (Sprach-)Barriere zu überwinden. Klar ist allerdings auch, dass die mit dem Vorschlag Heaths verbundenen Anforderungen an Unternehmen anspruchsvoll sind, wobei sie in diesem Fall nicht allein von der Ethik, sondern bis zu einem gewissen Grad auch von der Volkswirtschaftslehre gestellt werden. Denn während Marktversagen aus betriebswirtschaftlicher Perspektive zunächst einmal geschäftliche Opportunitäten darstellen, sind sie aus volkswirtschaftlicher Perspektive ein unerwünschtes, die gesamtgesellschaftliche Wohlfahrt reduzierendes Phänomen. In dieser Hinsicht stimmen die volkswirtschaftliche Perspektive und der Vorschlag von Heath überein. Neu und zugleich moralisch herausfordernd ist demgegenüber, dass man in der Volkswirtschaftslehre für gewöhnlich die Auffassung vertritt, die Korrektur von Marktversagen obliege allein dem Staat, während Heath auch Unternehmen moralisch in der Pflicht sieht.

---

[243] Die Anregung hierzu verdankt Heath Applbaum, Ethics.
[244] Vgl. Heath, 91 und 111–113.
[245] Vgl. Smith, Untersuchung, 97–100.
[246] Heath, Morality, 113.

An dieser Stelle drängt sich der Einwand auf, Heaths Vorschlag fordere Unternehmen nicht nur heraus, sondern er überfordere sie. Dem lässt sich allerdings zweierlei entgegenhalten: Zum einen ist sich Heath selbst, wie wir bereits gesehen haben, dieser Problematik durchaus bewusst und trägt ihr dadurch Rechnung, dass er seine an die Unternehmen adressierten Forderungen einschränkt bzw. modifiziert, sofern sie deren Existenz gefährden würden. Dies entspricht dem bekannten Grundsatz, wonach ein Sollen stets ein Können impliziert. Relativiert wird der Einwand der Überforderung zum anderen dadurch, dass es durchaus im reflektierten Eigeninteresse von Unternehmen liegt, dass die marktwirtschaftlichen Bedingungen, die sie durch ein etwaiges Ausnutzen von Marktversagen gefährden, erhalten bleiben, weil sie nur unter dieser Voraussetzung auch in Zukunft ihr Geschäft betreiben können[247] und weil Unternehmen überdies an einer Begrenzung staatlicher Regulierung interessiert sind.[248]

Eine anders gelagerte Anfrage an den Ansatz von Heath betrifft dessen Bestimmung des Zwecks der Marktwirtschaft. Heath fasst diese Bestimmung bewusst eng, indem er sie auf die effiziente Produktion und Allokation von Gütern und Dienstleistungen eingrenzt und Fragen einer gerechten Verteilung ausklammert. Begründet wird diese Einschränkung von ihm damit, dass Effizienz-Argumente nicht nur weniger umstritten, sondern auch besser geeignet sind, um die Logik zu explizieren, die vielen wohlfahrtsstaatlichen Programmen zugrunde liegt.[249] Deswegen zu glauben, Heath hielte Gerechtigkeits- bzw. Gleichheitsfragen für moralisch irrelevant, wäre freilich falsch. Nur sollten sie seines Erachtens nicht von der Wirtschaft, sondern vom Staat beantwortet werden:

«There is, in my view, a division of moral labor within our institutions with markets being essentially special-purpose institutions designed to promote efficiency [...] Thus it is only when embedded within the broader context of a welfare state, which engages in both market-complementing and redistributive policies (primarily through the tax system), that capitalism as a whole can claim to be just.»[250]

Heath ignoriert das Problem der Verteilungsgerechtigkeit demnach nicht, sondern sieht dies mit Verweis auf eine in westlichen Gesellschaften geltende Arbeitsteilung als eine Aufgabe des Staates an. Die Wirtschaft soll sich in seinen Augen ganz auf die Aufgabe der effizienten Produktion und Allokation

---

[247] So auch Goldschmidt/Homann, Gesellschaftliche Verantwortung, 22.
[248] So auch Heath, Morality, 38.
[249] Vgl. Heath, Morality, 2 bzw. 145–204.
[250] Heath, Morality, 10.

von Gütern und Dienstleistungen konzentrieren können. Dass Heath von einer solchen Arbeitsteilung ausgeht und ihre Bedeutung im Hinblick auf die Verteilungsgerechtigkeit hervorhebt, erscheint mir berechtigt. Dennoch bezweifle ich, dass Effizienz das einzige Kriterium ist, anhand dessen sich die moralische Qualität wirtschaftlichen Handelns bemisst, und zwar aus drei Gründen.

Zum einen bin ich im Unterschied zu Heath der Ansicht, dass Unternehmen bzw. deren Managerinnen und Manager sich nicht allein an den Interessen der Shareholder, sondern auch an denen der Stakeholder orientieren sollten. Wie Phillips meine ich, dass es sich hierbei um ein Gebot der Fairness handelt, und Heath schenkt den bereits erwähnten Einwänden von Blair und Stout zu wenig Beachtung, wenn er behauptet, mit einer Shareholder-Orientierung sei zugleich auch allen Stakeholdern am besten gedient. Ob dies tatsächlich der Fall ist oder nicht, ist eine empirische Frage, der ich an dieser Stelle nicht weiter nachgehen kann. Sollten sich meine diesbezüglichen Zweifel aber als berechtigt erweisen, spräche zumindest viel dafür, die Frage der Verteilungsgerechtigkeit nicht einfach an den (Wohlfahrts-)Staat zu delegieren, sondern sie, insoweit sie Stakeholder-Beziehungen betrifft, auch als eine Aufgabe von Unternehmen anzusehen.

Ein zweites Problem besteht darin, dass Heath Effizienz an sich als ein hinreichendes Kriterium ansieht, um die Qualität einer Volkswirtschaft zu messen. Dies ist ein Kurzschluss, weil die Frage, welche Güter und Dienstleistungen produziert und erbracht werden, damit noch nicht beantwortet ist.[251] Obwohl es angesichts der in modernen Gesellschaften herrschenden Vielfalt von Lebensstilen nicht einfach ist, eine befriedigende Antwort auf diese Frage zu geben,[252] kann Heath darauf nicht verzichten, weil diese Antwort ihrerseits eine Voraussetzung für die Bestimmung von Marktversagen bildet. Dass Heath annimmt, dass es zu Marktversagen kommt, und mehr noch, dass er glaubt, unter Rekurs auf sie liesse sich die vielen wohlfahrtsstaatlichen Programmen[253] zugrunde liegende Logik artikulieren, zeigt, dass er diese Voraussetzung in Anspruch nimmt. Nur expliziert er sie, soweit ich sehe, (noch) nicht.

---

[251] Ulrich, Integrative Wirtschaftsethik, 221–249, spricht in diesem Zusammenhang von der «Sinnfrage», während er die Gerechtigkeitsfrage als «Legitimationsfrage» bezeichnet.

[252] Üblicherweise begnügt man sich in der Volkswirtschaft an dieser Stelle mit dem Hinweis auf die sich in ihrer Zahlungsbereitschaft ausdrückenden Präferenzen der Marktteilnehmerinnen und -teilnehmer. Dies ist insofern nicht unproblematisch, als die ungleiche Verteilung von Ressourcen die Möglichkeit, den eigenen Präferenzen durch Zahlbereitschaft Ausdruck zu verleihen, beeinflusst und so für eine asymmetrische Repräsentanz von Präferenzen am Markt sorgt. Eine andere Schwierigkeit besteht darin, dass dieser Ansatz dem «asozialen» Charakter mancher Präferenzen keine Rechnung trägt.

[253] Heath, Morality, 3, verweist in der Einleitung zu seinem Buch insbesondere auf das öffentliche Bildungs-, Krankheits- und Rentenversicherungswesen.

Eine dritte Schwierigkeit ist, dass Heath seine Konzeption vor dem Hintergrund mehr oder weniger funktionierender (Wohlfahrts-)Staaten entwickelt. Er nimmt an, dass es der Staat als seine Aufgabe ansieht, Marktversagen zu korrigieren und für Verteilungsgerechtigkeit zu sorgen, und hierzu auch mehr oder weniger in der Lage ist. Es ist dieser Hintergrund, vor dem seine Behauptung plausibel erscheint, dass die moralische Verantwortung von Unternehmen sich darauf beschränkt, vom Staat nicht bzw. nicht hinreichend korrigierte Marktversagen nicht zum eigenen Vorteil auszunutzen. Transnational operierende Unternehmen sehen sich heute allerdings vielfach mit einer anderen Realität konfrontiert, da sie in Staaten tätig sind, wo diese Voraussetzungen nicht gegeben sind. Diesem Umstand trägt Heath nicht Rechnung.

Trotz der hier formulierten Einwände und Anfragen ist es aussichtsreich, eine theologische Unternehmensethik im Anschluss an das von Heath entwickelte Konzept zu formulieren. Während das Shareholder-Konzept die auf dem Prinzip der Fairness begründeten Ansprüche der Stakeholder nicht bzw. nicht hinreichend berücksichtigt, erschöpft sich die moralische Verantwortung von Unternehmen dem Stakeholder-Konzept zufolge fälschlicherweise in der Befriedigung von Stakeholder-Interessen. Demgegenüber eröffnet das Konzept des Marktversagens die Möglichkeit darüber hinausgehende moralische Pflichten von Unternehmen zu begründen und zu bestimmen.

Eine theologische Unternehmensethik könnte dabei von einem ihr vertrauten Terrain ausgehen. Denn an theologischen Studien, die sich mit der Wirtschaft und ihrer Funktion im Allgemeinen und mit der sozialen Marktwirtschaft im Besonderen befassen, herrscht eigentlich kein Mangel. Auch wenn die Beseitigung oder Bekämpfung von Marktversagen im Kontext der sozialen Marktwirtschaft allermeist als alleinige Aufgabe des Staates angesehen wird, könnte eine dem Vorschlag von Heath folgende theologische Unternehmensethik demgegenüber auch Firmen in dieser Hinsicht eine moralische Verantwortung zuschreiben.

Bevor ich diesen Gedanken weiterverfolge, möchte ich jedoch zuerst auf einen anderen Punkt eingehen. Er betrifft die Frage, welche Folgen sich aus dem Umstand, dass Staaten in Entwicklungs- und Schwellenländern die ihnen zugedachten Aufgaben oft nicht oder nur teilweise erfüllen können, für die Bestimmung der moralischen Verantwortung von global tätigen Unternehmen ergeben.

3.4 Moralische Verantwortung im globalen Kontext

Im Zeitalter der Globalisierung erstreckt sich die Tätigkeit vieler Firmen über nationale Grenzen hinweg. Unternehmen, die in westlichen Industrieländern beheimatet sind, produzieren und beliefern Märkte auf der ganzen Welt. Sie sind in China und Brasilien präsent, besitzen Niederlassungen in Rumänien und Vietnam, unterhalten Joint-Ventures in Südafrika und Indien, pflegen Beziehungen zu Zulieferern in Taiwan oder im Kongo, während Banken mit Niederlassungen auf der ganzen Welt ihnen dabei helfen, ihre Geschäfte zu finanzieren.

Heath rechnet mit mehr oder weniger funktionierenden (Wohlfahrts-)Staaten, die bereit und in der Lage sind, Marktversagen zu korrigieren, so dass die moralische Verantwortung von Unternehmen begrenzt bleibt, und die für einen sozialen Ausgleich sorgen. Während diese Voraussetzungen in Industrieländern in der Regel gegeben sind, trifft dies auf Entwicklungs- und Schwellenländer nicht oder weniger zu. Denn hier mangelt es Staaten oft grundsätzlich und nicht nur punktuell an der Fähigkeit, diese Aufgaben zu erfüllen oder auch nur für Sicherheit und Ordnung zu sorgen, so dass man durchaus auch von einem Staats- bzw. Regierungsversagen[254] sprechen kann. Es könnte in solchen Fällen die Aufgabe von Unternehmen sein, nicht nur auf die Ausbeutung von Marktversagen zu verzichten, sondern an deren Beseitigung mitzuwirken und so Aufgaben des Staates zu übernehmen.[255]

Während die von John Ruggie im Auftrag der Vereinten Nationen entwickelten *Guiding Principles on Business and Human Rights* in dieser Hinsicht zurückhaltend ausfallen, indem sie die auf die Menschenrechte bezogene Verantwortung von Unternehmen auf eine *responsibility to respect* beschränken,[256] gibt es unter denjenigen, die sich mit der Frage der sozialen Verantwortung von Unternehmen im globalen Kontext befassen, manche, die der

---

[254] Heath, Market Failure, kennt den Begriff «government failure» zwar, neigt aber dazu ihn anders, nämlich transaktionskostenanalytisch zu definieren: «Transaction cost theory claims that, grosso modo, the organization of economic activity through hierarchical organizations will be preferred when it is more efficient (i.e. transaction-cost minimizing) than through the market […] Correlatively, it means that the organization of economic activity through markets is everywhere explained by ‹administrative failure›» (53).

[255] Ich beschränke mich hier auf diese spezielle, sich aus den zuvor zu Heath angestellten Überlegungen ergebende Frage. Zur moralischen Verantwortung multinationaler Unternehmen im Allgemeinen vgl. stattdessen z. B. Neuhäuser, Unternehmen, 264–310; Scherer, Multinationale Unternehmen; und Wettstein, Multinational Corporations, zur Verantwortung entlang der Zuliefererkette z. B. Dänzer, Are Multinational Companies; und Lund-Thomsen/Lindgreen, Corporate Social Responsibility; sowie zu Sweatshops im Besonderen v. a. die gegenläufigen Überlegungen von Maitland, Great Non-Debate; Powell, Out of Poverty; Powell/Zwolinski, Ethical and Economic Case; Zwolinsiki, Sweatshops auf der einen und von Arnold, Working Conditions; sowie Arnold/Bowie, Sweatshops auf der anderen Seite.

[256] Die von Ruggie erarbeiteten Leitlinien unterscheiden zwischen einer responsibility to protect, einer *responsibility to respect* und einer *access to remedy*. Vgl. hierzu United Nations, Responsibility; und dies., Guiding Principles. Während der erste und der dritte Bereich in die Zuständigkeit

Auffassung sind, ihre Aufgabe reiche wesentlich weiter. So plädieren etwa Andrew Crane und Dirk Matten dafür, das Konzept einer *corporate citizenship* zu erweitern: «Corporate Citizenship describes the corporate function for governing citizenship rights for individuals.»[257] Unternehmen lediglich als globale Bürger mit bestimmten Rechten und Pflichten zu betrachten, reicht ihres Erachtens nicht aus. Überholt sei dieses herkömmliche Verständnis von *corporate citizenship* deshalb, weil Firmen inzwischen selbst die Aufgabe übernommen hätten, Bürgerinnen und Bürger Rechte zu gewähren bzw. diese zu schützen:

> «[C]orporations have increasingly taken on a role in society which is similar to that of traditional political actors. Hence, corporations enter the arena of citizen-ship at the point where traditional governmental actors start to fail to be the only ‹counter-part› of citizenship. Quite simply, they can be said to partly take over those functions with regard to the protection, faciliation, and enabling of citizen's rights – formerly an expectation placed solely on the government.»[258]

Folgt man Crane und Matten, dann sind Unternehmen also mehr als blosse Wirtschaftsbürger (bourgeois). Auch wird man der Bedeutung von Firmen ihrer Ansicht nach nicht gerecht, wenn man sie ausserdem als politische Bürger (citoyen) begreift, die sich als solche aktiv an den deliberativen Diskursen der globalen Zivilgesellschaft beteiligen und im Einvernehmen mit ihr zur Lösung von sozialen und wirtschaftlichen Problemen beitragen.[259] Denn faktisch würden sie in Schwellen- und Entwicklungsländern heute Funktionen übernehmen, die zu erfüllen eigentlich Sache der Regierung wäre.

Crane und Mattens These ist, wie sie betonen, deskriptiver Natur. Sie wollen die Dinge so beschreiben, wie sie sind und nicht, wie sie sein sollten.[260] Die normative Frage, ob es auch richtig ist, wenn Unternehmen Aufgaben des Staates übernehmen, beantworten sie demnach nicht. Firmen wären damit bald einmal überfordert. Solange es nämlich an einer demokratischen Legitimation und

---

des Staates fallen, wird Unternehmen die Pflicht zugeschrieben, die Menschenrechte zu respektieren: «Business enterprises should respect human rights. This means that they should avoid infringing on the human rights of others and should address adverse human rights impacts with which they are involved» (United Nations, Principles, 13 [Prinzip 11]). Daraus folgt, dass Unternehmen ihre Geschäfte einer entsprechenden Sorgfaltsprüfung (*human rights due diligence,* Prinzip 17) unterziehen sollten.

[257] Crane/Matten, Business Ethics, 78. Ausführlicher entfaltet wird dieser Ansatz in Crane/Matten/Moon, Corporations.

[258] Crane/Matten, Business Ethics, 77.

[259] In diese Richtung zielen die Überlegungen von Guido Palazzo und Andreas Scherer. Vgl. dazu Scherer/Palazzo, Toward a Political Conception; und Scherer/Palazzo, Globalization.

[260] Vgl. Crane/Matten, Business Ethics, 79.

Kontrolle von Unternehmen fehlt, ist darüber hinaus nicht zu sehen, wie dabei den an die Ausübung politischer Macht aus ethischer Sicht zu stellenden Legitimationsanforderungen Genüge getan werden kann.[261]

Plausibler erscheint mir deshalb ein anderer Vorschlag, der sich überdies gut mit dem Ansatz von Heath verbinden lässt.[262] Er stammt von Karl Homann, der sein Verständnis von unternehmerischer Verantwortung in den vergangenen Jahren signifikant erweitert hat. Grundsätzlich vertritt Homann eine wirtschaftsethische Konzeption, der zufolge die Implementierung moralischer Normen in die Wirtschaft durch deren Rahmenordnung erfolgen soll. «Der systematische Ort der Moral in der Marktwirtschaft», so lautet einer der Kernsätze seines Ansatzes, «ist die Rahmenordnung.»[263] Das bedeutet, dass Moral in erster Linie eine Sache des Gesetzgebers ist, während die Marktteilnehmerinnen und -teilnehmer frei sind, ihren eigenen Vorteil zu verfolgen, solange sie sich dabei an die durch die Rahmenordnung gesetzten Spielregeln halten. Ähnlich wie Heath ist Homann überzeugt, dass der allgemeinen Wohlfahrt durch eine marktwirtschaftliche Ordnung am besten gedient und diese deshalb «sittlich geboten»[264] ist.

Obwohl Moral nach Ansicht von Homann grundsätzlich über die Rahmenordnung implementiert werden soll, gesteht er der Unternehmensethik durchaus eine gewisse, wenn auch nachgeordnete und begrenzte Bedeutung zu. Eingeführt wird sie von ihm in Anlehnung an Ronald Coase über die Theorie unvollständiger Verträge. Mit ihr geht Homann «davon aus, dass menschliche Interaktionen generell durch Verträge, formelle (kodifizierte Gesetze) und informelle (z. B. Versprechen), geregelt werden», von denen viele allerdings unvollständig sind und auch bleiben müssen,[265] weil ein alle Eventualitäten berücksichtigendes System von Verträgen weder sinnvoll noch möglich wäre. Dies wiederum führt allerdings «zu mehr Unsicherheit, zur Gefahr stärkerer

---

[261] So der berechtigte Einwand von Scherer, Multinationale Unternehmung, 157f.

[262] Heath, Morality, 6, verweist selbst auf die Verwandtschaft seines eigenen Ansatzes mit dem von Homann (und demjenigen von Peter Koslowski).

[263] Homann/Blome-Drees, Wirtschafts- und Unternehmensethik, 35. Zum Ansatz im Allgemeinen vgl. ausserdem Homann/Suchanek, Ökonomik; Homann/Lütge, Einführung; Homann, Vorteile; sowie Homann, Wirtschaftsethik.

[264] Vgl. Homann/Lütge, Einführung, 47: «Die marktwirtschaftliche Ordnung ist sittlich geboten, weil die Marktwirtschaft das beste bisher bekannte Instrument zur Verwirklichung der Solidarität aller Menschen ist.» (im Original kursiv)

[265] Gemäss Homan/Lütge, Einführung, 76, bezieht sich die Unvollständigkeit von Verträgen vor allem darauf, dass «Leistungen und Gegenleistungen nicht exakt bestimmt sind», «die Erfüllung nicht objektiv bzw. extern feststellbar und daher nicht justiziabel ist» und «allgemein die Durchsetzung vor Gericht zu kostspielig ist.»

Abhängigkeiten mit entsprechenden Ausbeutungsmöglichkeiten»[266]. In solchen Situationen, glaubt Homann, kann die «Handlungsmoral»[267] eine wichtige kompensatorische Funktion erfüllen, indem sie die durch die Unvollständigkeit von Verträgen entstandene Unsicherheit auffängt und die mit ihr verbundenen Transaktionskosten senkt.[268]

Interessant im Hinblick auf die von mir verfolgte Fragestellung ist nun, dass Homann in den vergangenen Jahren zur Überzeugung gelangt ist, Relevanz und Notwendigkeit moralischen Handelns von Unternehmen seien gewachsen, weil die systematische Unvollständigkeit von Verträgen durch einen «zunehmende[n] Verlust staatlicher Steuerungsfähigkeit»[269] sowohl im nationalen als auch und vor allem im globalen Zusammenhang verstärkt werde.

Wie Heath ist Homann der Auffassung, Unternehmen sollten die auf diese Weise entstehenden Freiräume nicht zu ihrem eigenen Vorteil ausbeuten. Zwar könnten sie dadurch unter Umständen kurzfristig Gewinne generieren. Mittel- und langfristig würden so allerdings Voraussetzungen für eine erfolgreiche Geschäftstätigkeit zerstört. Im Interesse der Allgemeinheit, aber auch in ihrem eigenen, sollten Unternehmen angesichts dieser Situation heute stattdessen mehr soziale Verantwortung wahrnehmen, und zwar im Sinne einer *erweiterten Handlungsverantwortung*, einer *Ordnungsverantwortung* sowie einer *Diskursverantwortung*[270]. Ihre *erweiterte Handlungsverantwortung* nehmen Unternehmen dabei nach Homann und seinem Koautor Nils Goldschmidt in globaler Hinsicht dadurch wahr, dass sie sich «in Entwicklungsländern etwa in Bereichen wie Schul- und Ausbildung, Gesundheitsvorsorge und Hygiene, Arbeitsbedingungen, Wohnungsbau für Mitarbeiter und deren Familien, Umweltschutz und in der Bekämpfung von Diskriminierung und Korruption» engagieren.[271] Allerdings sei die Wirkung dieser erweiterten Handlungsmöglichkeiten aufgrund institutioneller Defizite in den betreffenden Staaten begrenzt. Umso wichtiger sei es daher, dass Unternehmen darüber hinaus Diskurs- und Ordnungsverantwortung wahrnähmen. Während mit *Diskursverantwortung* nichts anderes als die Beteiligung an gesellschaftlichen Diskursen über wirtschaftsbezogene

---

[266] Homann/Lütge, Einführung, 76f.

[267] Homann/Lütge, Einführung, 77.

[268] Dabei unterscheidet er zwei Arten von Strategien moralischen Handelns durch Unternehmen: die Wettbewerbsstrategie, innerhalb derer Unternehmen Moral als Wettbewerbsvorteil zu nutzen versuchen, und die ordnungspolitische, auf kollektive Selbstbindung zielende Strategie.

[269] Goldschmidt/Homann, Gesellschaftliche Verantwortung, 16.

[270] Vgl. hierzu bereits Homann, Gesellschaftliche Verantwortung.

[271] Goldschmidt/Homann, Gesellschaftliche Verantwortung, 21.

Fragen gemeint ist, unterstreichen Homann und Goldschmidt die grosse Bedeutung der Ordnungsverantwortung. Sie besteht darin, dass Unternehmen «in ihrem eigenen langfristigen Interesse» mit ihrem Kapital und mit ihrem Know-how eine Mitverantwortung für die Weiterentwicklung und Durchsetzung von Rahmenbedingungen» übernehmen:

> «Ordnungsverantwortung kann vielfältige Formen annehmen: Beratung, politischer Druck – etwa bei Standortentscheidungen, Zusammenarbeit mit den politischen Instanzen auf kommunaler, regionaler und internationaler Ebene –, aber auch die brancheninterne und -übergreifende Kooperation von Lieferanten sowie die Zusammenarbeit mit Nichtregierungsorganisationen.»[272]

Goldschmidt und Homann heben zwar die Relevanz solcher Ordnungsverantwortung hervor, betonen aber zugleich mehr als Crane und Matten und auch stärker als Scherer und Palazzo die Grenze zwischen dem auf demokratische Legitimation angewiesenen Bereich des Politischen und der Wirtschaft. Unternehmen sind wirtschaftliche Akteure und müssen es ihres Erachtens auch dort bleiben, wo sie gesellschaftliche Verantwortung übernehmen. Als solche könnten sie ihre diesbezüglichen Aktivitäten «als sinnvolle Investitionen in eine nachhaltig erfolgversprechende Geschäftstätigkeit»[273] betrachten und so auch gegenüber ihren Anteilseignern rechtfertigen. Zugleich markiert dieses Argument allerdings auch eine Grenze, insofern ein über das Kerngeschäft des Unternehmens hinausgehendes Engagement dort seine «Grenzen finden [müsse], wo dieses nicht mehr gefördert, sondern beeinträchtigt wird»[274].

Während Heath die moralische Verantwortung von Unternehmen lediglich negativ, nämlich als Verzicht auf das Ausnutzen von Marktversagen, bestimmt, wollen Homann und sein Koautor Goldschmidt Unternehmen auch positive Pflichten zuschreiben. Damit werden sie der politischen Realität in vielen Schwellen- und Entwicklungsländern meines Erachtens besser gerecht als Heath, ohne dass sie dabei ins andere Extrem fallen und Unternehmen überfordern würden.

---

[272] Goldschmidt/Homann, Gesellschaftliche Verantwortung, 22f.
[273] Goldschmidt/Homann, Gesellschaftliche Verantwortung, 38.
[274] Goldschmidt/Homann, Gesellschaftliche Verantwortung, 38.

4. Unternehmerisches Handeln in evangelischer Perspektive

Am Ende dieser Studie möchte ich noch einmal auf die bereits im Vorwort erwähnte und unter dem Titel «Unternehmerisches Handeln in evangelischer Perspektive» erschienene Denkschrift der Evangelischen Kirche in Deutschland zurückkommen. Veröffentlicht wurde dieses von der Kammer für soziale Ordnung erarbeitete Papier im Juli 2008, wenige Wochen bevor die Finanzkrise mit dem Zusammenbruch der Investmentbank Lehman Brothers ins Bewusstsein der Weltöffentlichkeit trat, viele Finanzinstitute in ihrer Existenz bedrohte und die Weltwirtschaft in eine schwere Krise stürzte. Dieser Umstand war sicher eine der Ursachen für die heftige Kritik, die die Denkschrift nach ihrem Erscheinen erfuhr. In diesem Zusammenhang wurde das Bestreben der evangelischen Kirchen, die «Spannungen» in ihren Beziehungen zur Wirtschaft abzubauen und in «einen neuen Dialog» mit ihr zu treten[275] und die positive Bedeutung unternehmerischen Handelns mit seiner Innovations- und Risikobereitschaft genau in dem Moment priesen, als die Risikofreude zahlreicher Banken die Weltwirtschaft an den Rand eines Kollaps brachte, mancherorts nicht verstanden. Einige Kritikerinnen und Kritiker forderten die EKD gar zum Widerruf ihrer Denkschrift auf, indem sie ihr vorwarfen, die sozioökonomische Realität zu beschönigen, den neoliberalen Kapitalismus zu legitimieren und sich damit nicht nur «von ihren eigenen bisherigen sozialethischen Grundeinsichten»[276], sondern auch von Positionen der weltweiten ökumenischen Bewegung zu distanzieren.

Denkschriften sollen zum Nachdenken und Diskutieren anregen. Diese Funktion erfüllen sie auch, indem sie Widerspruch hervorrufen. Schon deshalb eignen sie sich prinzipiell nicht dazu widerrufen zu werden. Doch abgesehen davon wäre ein «Widerruf» im Fall der «Unternehmer-Denkschrift» meiner Ansicht nach auch deshalb ein Fehler, weil mir ihr Anliegen und ihre zentrale Aussage plausibel erscheinen.

Mit ihrer Denkschrift möchte die EKD die Bedeutung unternehmerischen Handelns für die Wohlfahrt der Gesellschaft würdigen, um auf diese Weise «Spannungen» zwischen Kirche und Wirtschaft abzubauen und das Gespräch zu beleben. Dieses Anliegen erscheint mir berechtigt, da sich die Kirchen in den vergangenen Jahren und Jahrzehnten gestützt auf die «vorrangige Option für die Armen» der Bibel in ihren öffentlichen Kundgebungen besonders für

---

[275] Evangelische Kirche in Deutschland, Unternehmerisches Handeln, 21.
[276] Duchrow/Segbers (Hg.), Frieden, 10.

Benachteiligte und Gerechtigkeit innerhalb der Gesellschaft eingesetzt haben.[277] In dieser Hinsicht haben die hiesigen Kirchen von der «Befreiungstheologie» gelernt. Allerdings hat dieser begrüssenswerte Lernprozess auch die weniger begrüssenswerte Kehrseite, dass Vertreterinnen und Vertreter der wirtschaftlichen Elite den Eindruck gewinnen konnten, sie seien in den Kirchen nicht willkommen.[278] Indem die EKD mit ihrer «Unternehmer-Denkschrift» diesen Eindruck zu korrigieren versuchte, setzte sie sich der Gefahr einer Anbiederung an das «Kapital» aus. Im Unterschied zu den Kritikerinnen und Kritikern der Denkschrift meine ich allerdings, dass sie ihr nicht erliegt, da sie die «vorrangige Option für die Armen» nicht aus dem Blick verliert und den aus christlicher Sicht notwendigen Zusammenhang von unternehmerischer Freiheit und gesellschaftlicher Verantwortung immer wieder unterstreicht.

Dass sich die Autorinnen und Autoren der EKD-Denkschrift der «vorrangigen Option für die Armen» verpflichtet wissen, kommt nicht nur in den expliziten Bezugnahmen innerhalb des Textes zum Ausdruck,[279] sondern ebenso darin, dass sie die Schrift als ganze in einen systematischen Zusammenhang mit der zwei Jahre zuvor erschienenen «Armuts-Denkschrift» und dem dort entwickelten Leitbild gerechter Teilhabe stellen. Damals hatte die EKD sich mit der Armut in Deutschland befasst, diese als «fehlende Teilhabe»[280] charakterisiert und mit dem Leitbild der Teilhabe-Gerechtigkeit für eine Verbindung von Verteilungs- und Befähigungsgerechtigkeit plädiert.[281] Der Fokus ist diesmal zwar ein anderer, indem nun die Wirtschaft und das Unternehmertum im Zentrum stehen, doch das «Leitbild» bleibt auch hier «eine Gesellschaft, die niemanden ausschliesst, sondern alle befähigt und einlädt, ihre Talente zu nutzen»[282]. Deshalb würdigt die EKD auf der einen Seite die grosse Relevanz des

---

[277] Vgl. hierzu die gemeinsam mit der Deutschen Bischofskonferenz herausgegebenen Erklärungen «Für eine Zukunft in Solidarität und Gerechtigkeit» (1997) und «Gemeinsame Verantwortung für eine gerechte Gesellschaft» (2014) sowie die einschlägigen EKD-Texte «Gemeinwohl und Eigennutz» (1991), «Gerechte Teilhabe» (2006) und «Wie ein Riss in einer hohen Mauer» (2009).

[278] So die Diagnose in: Evangelische Kirche in Deutschland, Evangelische Verantwortungseliten, 30f.

[279] Vgl. Evangelische Kirche in Deutschland, Unternehmerisches Handeln, 10, 39.

[280] Vgl. Evangelische Kirche in Deutschland, Gerechte Teilhabe, 43.

[281] Verteilungs- und Befähigungsgerechtigkeit sollen damit nicht länger gegeneinander ausgespielt werden, weil blosse Verteilungsgerechtigkeit zum «Wohlfahrtspaternalismus» (Evangelische Kirche in Deutschland, Gerechte Teilhabe, 44) führen könne, während blosse Befähigungsgerechtigkeit ungleiche Startchancen nicht genügend berücksichtige. Gerechte Teilhabe bedeute demgegenüber eine «umfassende Beteiligung aller an Bildung und Ausbildung sowie an den wirtschaftlichen, sozialen und solidarischen Prozessen der Gesellschaft» (12).

[282] Evangelische Kirche in Deutschland, Unternehmerisches Handeln, 9.

Unternehmertums «für Innovation, Wertschöpfung und gesamtgesellschaftlichen Wohlstand»[283] und verweist auf den Zusammenhang zwischen evangelischer und unternehmerischer Freiheit sowie evangelischem Berufsgedanken und unternehmerischem Gestaltungswillen.[284] Auf der anderen Seite wird sie nicht müde zu betonen, dass unternehmerische Freiheit nach christlichem Verständnis nicht ohne die Verantwortung vor Gott und für andere zu haben ist.[285]

Um so erstaunlicher ist es, dass ausgerechnet hier eine Schwachstelle der «Unternehmer-Denkschrift» liegt. Denn wenngleich in ihr neunzig Mal das Wort «Verantwortung» auftaucht und «die soziale Verantwortung» vom damaligen Ratsvorsitzenden Wolfgang Huber in seinem Vorwort ausdrücklich als «Massstab unternehmerischen Handelns» bezeichnet wird, so fehlt es der Denkschrift doch an einer eigentlichen Konzeption sozialer Verantwortung von Unternehmen. Bedauerlich ist dabei weniger, dass die EKD das ebenso gewichtige wie umstrittene Problem korporativer Verantwortung ausser Acht lässt,[286] als vielmehr der Verzicht auf eine systematische Rezeption und Integration einschlägiger Konzepte in ihre eigenen Überlegungen. Der Preis hierfür ist beträchtlich, da es der Denkschrift so an einer in sich schlüssigen Begründung und Bestimmung unternehmerischer Verantwortung fehlt.

Zwar ist in der Denkschrift durchaus von Stakeholdern, von *Corporate Social Responsiblity* oder von *Corporate Citizenship* die Rede: So warnt sie davor, die Interessen der Stakeholder zugunsten einer Orientierung am Shareholder-Value zu ignorieren,[287] spricht vom wachsenden Einfluss von Unternehmen in einer globalisierten Welt und lobt deren Bereitschaft, angesichts dieser Entwicklung Verantwortung zu übernehmen,[288] da es sich hierbei um «das freiwillige, über das gesetzliche Mass hinausgehende gesellschaftliche Engagement von Unternehmen»[289] handle. Nach einer ethischen Begründung für eine

---

[283] Evangelische Kirche in Deutschland, Unternehmerisches Handeln, 24.

[284] Vgl. Evangelische Kirche in Deutschland, Unternehmerisches Handeln, 47–49.

[285] Vgl. besonders Evangelische Kirche in Deutschland, Unternehmerisches Handeln, 41–47.

[286] S. dazu oben Kapitel 2. Ob die Autorinnen und Autoren der Denkschrift sich seiner Relevanz nicht bewusst waren, es mit Absicht ausgeklammert oder den individuellen Charakter moralischer Verantwortung für selbstverständlich und deswegen nicht für erörterungswert angesehen haben, lässt sich nicht entscheiden.

[287] Vgl. Evangelische Kirche in Deutschland, Unternehmerisches Handeln, 118 sowie die Bemerkungen zum Stakeholder-Begriff auf den Seiten 55, 79 und 104.

[288] Vgl. hierzu v. a. Evangelische Kirche in Deutschland, Unternehmerisches Handeln, 102–107.

[289] Evangelische Kirche in Deutschland, Unternehmerisches Handeln, 104. Auf die m. E. notwendige Unterscheidung zwischen supererogatorisch-philanthropischen Aktivitäten und einem Handeln, zu dem Unternehmen gegenüber Stakeholdern und der Gesellschaft moralisch verpflichtet sind, verzichtet die Denkschrift an dieser Stelle leider.

genuin moralische Verantwortung sucht man in diesem Zusammenhang allerdings vergeblich.[290] Wohl verweisen die Autorinnen und Autoren an anderer Stelle auf theologisch-ethische «Grundorientierungen»[291] wie die Idee der Menschenwürde, die Zehn Gebote, das Gebot der Nächstenliebe und die Goldene Regel, die ihres Erachtens nicht nur für Christinnen und Christen, sondern «für alle Menschen guten Willens einsehbar»[292] sind. Allerdings scheint sich deren Funktion in ihren Augen darin zu erschöpfen, das persönliche Ethos individueller Unternehmerinnen und Unternehmer im Sinne «christliche[r] Werte eines ehrbaren Kaufmanns»[293] zu prägen. Dass sie für die Unternehmensethik darüber hinaus von Belang sein könnten, ist nicht erkennbar.

Dies ist kein Zufall, sondern hängt mit der Art und Weise zusammen, wie die EKD sich in ihrer Denkschrift für die soziale Marktwirtschaft ausspricht.[294] Dabei meine ich nicht den Umstand, dass sie die soziale Marktwirtschaft als ein bundesdeutsches Erfolgsmodell versteht und lobt, das Wettbewerb und Solidarität auf sinnvolle Weise miteinander verknüpft und in dem «sich ursprünglich protestantische Werthaltungen»[295] ausprägen. Der entscheidende Punkt ist vielmehr, dass die Autorinnen und Autoren der Denkschrift der Auffassung zu sein scheinen, die Rolle der Wirtschaftsethik erschöpfe sich im Kontext dieses Modells darin, *Rahmenordnungs- und Normbefolgungsethik* zu sein. Weil der Markt «aus sich heraus weder die Solidarität noch die Gerechtigkeit erzeugen» könne, «die für sein nachhaltiges Funktionieren grundlegend sind», ist es ihrer Ansicht nach der Staat, der «Rahmenbedingungen setzen und ihre Einhaltung kontrollieren» und dabei auch «eine umverteilende Sozialpolitik» betreiben muss, «um soziale Gerechtigkeit herbeizuführen.»[296] «Unternehmen», heisst es

---

[290] Wenig später weist die Denkschrift allerdings auf den Nutzen sozialen Engagements für die Reputation von Unternehmen hin, ohne dass dieses Engagement ihrer Ansicht nach von solchen Erwägungen bestimmt sein darf (vgl. Evangelische Kirche in Deutschland, Unternehmerisches Handeln, 105f.).

[291] Evangelische Kirche in Deutschland, Unternehmerisches Handeln, 47.

[292] Evangelische Kirche in Deutschland, Unternehmerisches Handeln, 46.

[293] Evangelische Kirche in Deutschland, Unternehmerisches Handeln, 85.

[294] Vgl. Evangelische Kirche in Deutschland, Unternehmerisches Handeln, 51–57.

[295] Evangelische Kirche in Deutschland, 51. Hierzu zählt die Denkschrift «die Idee der Gerechtigkeit ebenso wie die der vor Gott rechenschaftspflichtigen und in diesem Sinne selbstverantwortlichen Unternehmerpersönlichkeit» (ebd.), ein realistisches Menschenbild sowie die Ideen der Freiheit, der Verantwortung und der Solidarität. Überdies wird in der Denkschrift die Auffassung vertreten, Protestanten hätten in der Nachkriegszeit grossen Anteil an der Gestaltung einer Wirtschaftsordnung gehabt. Dieser Punkt ist jedoch nicht unumstritten, wie z. B. Reuter, Religion, darlegt.

[296] Evangelische Kirche in Deutschland, Unternehmerisches Handeln, 53.

dagegen weiter, «erfüllen ihre gesellschaftliche Aufgabe vor allem durch nachhaltiges, effizientes und erfolgreiches Wirtschaften.»[297] Eine wie auch immer geartete, eigenständige Unternehmensethik wäre demnach im Grunde überflüssig oder würde sich im Appell zur Befolgung der vom Staat gesetzten Spielregeln erschöpfen.

Doch diese Sichtweise greift zu kurz. Denn wie wir im vorangehenden Kapitel gesehen haben, haben Unternehmen nicht nur aus Gründen der Fairness moralische Pflichten gegenüber ihren Stakeholdern. Vielmehr beruht auch die Annahme, der Staat sei dazu imstande, alle Marktversagen wirksam zu bekämpfen, auf einem Irrtum, und dieser Irrtum wird durch die Globalisierung und deren Folgen noch grösser. Weil dies so ist, sollten Unternehmen ihrerseits darauf verzichten, Marktversagen zum eigenen Vorteil und zum Schaden der Allgemeinheit auszunutzen und, wo erforderlich, darüber hinaus im Rahmen ihrer Möglichkeiten einen Beitrag zum Aufbau tragfähiger und der allgemeinen Wohlfahrt dienender Rahmenordnungen leisten. Hierin besteht, so meine ich, die moralische Verantwortung von Unternehmen.

Dies schliesst nicht nur die von mir zuvor diagnostizierte Lücke innerhalb der «Unternehmer-Denkschrift» der EKD, sondern hat zugleich Konsequenzen für die Konzeptualisierung theologischer Unternehmensethik im Allgemeinen. Die zuvor angestellte Überlegung zeigt auf, wie die für jede Unternehmensethik grundlegende Frage nach der moralischen Verantwortung von Unternehmen im theologischen Kontext in einer Weise bearbeitet werden kann, die den innerhalb der allgemeinen Wirtschaftsethik geführten Debatten Rechnung trägt und die es vermeidet, die dem Shareholder- oder dem Stakeholder-Konzept anhaftenden Schwierigkeiten durch deren Rezeption in die Theologie zu importieren. Zwar wäre es durchaus denkbar, theologisch an das Shareholder-Konzept anzuknüpfen, indem man auf den in der theologischen Tradition wohl verankerten Grundsatz «Eigentum verpflichtet» zurückgreift. Und auch das Stakeholder-Konzept könnte mit Hilfe des Bundesgedankens theologisch interpretiert und erweitert werden. Beide Konzepte haben allerdings gravierende Schwächen. Das Shareholder-Konzept trägt den berechtigten Ansprüchen anderer Stakeholder auf einen Anteil des gemeinsam erarbeiteten Ertrages keine Rechnung, während das Stakeholder-Modell zu kurz greift, insofern es davon ausgeht, die moralischen Pflichten von Unternehmen erschöpften sich in jenen gegenüber ihren Stakeholdern.[298] Zwar birgt auch das von Joseph Heath ins Spiel gebrachte Konzept des Marktversagens Schwierigkeiten und

---

[297] Evangelische Kirche in Deutschland, Unternehmerisches Handeln, 102.
[298] Hinzu kommen weitere Schwierigkeiten, die m. E. mit einer Rezeption über den Bundesgedanken verbunden sind. Siehe oben 75f.

lässt Fragen offen, doch sind diese weniger gravierend. Ausserdem verfügt die theologische Ethik durchaus über das Rüstzeug, um sich an der Überwindung bzw. Beantwortung dieser Fragen zu beteiligen. Es mangelt ihr, wie bereits zu Beginn vermerkt, nämlich nicht an Untersuchungen zur Aufgabe der Wirtschaft und deren Ordnung.

Wer verstehen will, worin aus theologischer Sicht die moralische Verantwortung von Unternehmen besteht, sollte also zunächst nach dem theologischem Verständnis vom Zweck der Wirtschaft fragen. Nur so lässt sich bestimmen, wann wir es aus dieser Perspektive mit einem Marktversagen zu tun haben und wie dieses zu gewichten ist. Erst aufgrund dieser Bestimmung kann die theologische Unternehmensethik schliesslich ihre zentrale Aufgabe in Angriff nehmen: Zu klären, inwiefern und inwieweit neben dem Staat auch Unternehmen die moralische Pflicht haben, sich an der Bekämpfung der zuvor identifizierten Marktversagen zu beteiligen.

Literatur

Alchain, Armen A./Demsetz, Harold: Production, Information Costs, and Economic Organization, in: American Economic Review 62, 1972, 777–795.

Anzenbacher, Arno: Wandlungen im Verständnis und in der Begründung von Eigentum und Eigentumsordnung, in: Korff, Wilhelm u. a. (Hg.), Handbuch der Wirtschaftsethik, Bd. 1.1: Konstitutive Bauelemente moderner Wirtschaftsethik. Grundfragen ethischer Rationalität in der modernen Welt, Lizenzausgabe 2009, 50–64.

Applbaum, Arthur I.: Ethics for Adversaries. The Morality of Roles in Public and Professional Life, 1999.

Aristoteles: Nikomachische Ethik, übers. und hg. von Ursula Wolf, 2006.

Arnold, Denis G.: Corporate Moral Agency, in: Midwest Studies in Philosophy 30, 2006, 279–291.

– Working Conditions: Safety and Sweatshops, in: Brenckert, George G./Beauchamp, Tom L. (Hg.), The Oxford Handbook of Business Ethics, 2010, 628–653.

Arnold, Denis G./Bowie, Norman E.: Sweatshops and Respect for Persons, in: Business Ethics Quarterly 13, 2003, 221–242.

Assländer, Michael S.: Grundlagen der Wirtschafts- und Unternehmensethik, 2011.

Bayertz, Kurt: Eine kurze Geschichte der Herkunft der Verantwortung, in: ders. (Hg.), Verantwortung. Prinzip oder Problem?, 1995, 3–71.

– Einleitung: Warum moralisch sein?, in: ders. (Hg.), Warum moralisch sein?, 2002, 9–33.

Beck, Bernhard: Volkswirtschaft verstehen, 3., überarbeitete Aufl. 2004.

Beier, Michael/Hauser, Christian/Hauser, Heinz: Die Bedeutung börsenkotierter Aktiengesellschaften für die Schweizer Volkswirtschaft. Studie zuhanden von economiesuisse, Verband der Schweizer Unternehmen, Chur 2013 (http://www.htwchur.ch/uploads/media/HTWChur_Aktiengesellschaften_Endbericht_20130208.pdf; letzter Zugriff: 28.12.2014).

Beschorner, Thomas/Hajduk, Thomas: Der ehrbare Kaufmann – Unternehmensverantwortung «light»?, in: CSR Magazin Nr. 3, 1, 2011, 6–8.

Blair, Margaret M./Stout, Lynn A.: A Team Production Theory of Corporate Law, in: Virginia Law Review 85, 1999, 247–328.

Boatright, John R.: Business Ethics and the Theory of the Firm, in: American Business Law Journal 34, 1996, 217–238.

– What's Wrong – and What's Right – with Stakeholder Management, in: Journal of Private Enterprise 21, 2006, 106–130.

Bonhoeffer, Dietrich: Ethik, hg. von Ilse Tödt u. a., DBW, Bd. 6, 1992.

Brink, Alexander: Philosophie des Managements. Überlegungen zu einer normativen Theorie der Unternehmung, 2011.

Capaldi, Nicholas (Hg.): Business and Religion. A Clash of Civilizations?, 2005.

Carroll, Archie B.: A Three-Dimensional Conceptual Model of Corporate Performance, in: Academy of Management Review 4, 1979, 497–505.

– The Pyramid of Corporate Social Responsibility: Toward the Moral Management of Organizational Stakeholders, in: Business Horizons, July-August, 1991, 39–48.

Coase, Ronald M.: The Nature of the Firm, in: Economica 4, 1937, 386–405.

Coleman, James S.: Foundations of Social Theory, 1990.

Copp, David: Collective Actions and Secondary Actions, in: American Philosophical Quarterly 16, 1979, 177–186.

Crane, Andrew/Matten, Dirk: Business Ethics. Managing Corporate Citizenship and Sustainablity in the Age of Globalization, ^{3}2010.

Crane, Andrew/Matten, Dirk/Moon, Jeremy: Corporations and Citizenship 2008.

Crane, Andrew/Matten, Dirk/Spence, Laura J. (Hg.): Corporate Social Responsibility. Readings and Cases in a Global Context, ^{2}2014.

– Corporate Social Responsibility. In a Global Context, in: dies. (Hg.), Corporate Social Responsibility. Readings and Cases in a Global Context, ^{2}2014, 3–26.

Crane, Andrew/McWilliams, Abagail/Matten, Dirk/Siegel, Donald (Hg.): The Oxford Handbook of Corporate Social Responsibility, 2008.

Dänzer, Sonja: Are Multinational Companies Responsible for Working Conditions in Their Supply Chain? From Intuition to Argument, in: Analyse & Kritik 35, 2011, 175–194.

Dietz, Alexander: Der homo oeconomicus. Theologische und wirtschaftsethische Perspektiven auf ein ökonomisches Modell, 2005.

Donaldson, Thomas/Preston, Lee E.: The Stakeholder Theory of the Corporation: Concepts, Evidence, and Implications, in: The Academy of Management Review 20, 1995, 65–91.

Dubbink, Wim/Smith, Jeffrey: A Political Account of Corporate Moral Agency, in: Ethical Theory and Moral Practice 14, 2011, 223–246.

Dubbink, Wim/van de Ven, Bert: On the Duties of Commission in Commercial Life. A Kantian Criticism of Moral Institutionalism, in: Ethical Theory and Moral Practice 15, 2012, 221–238.

Dubbink, Wim/van Liedekerke, Luc: A Neo-Kantian Foundation of Corporate Social Responsibility, in: Ethical Theory and Moral Practice 12, 2009, 117–136.

Duchrow, Ulrich/Segbers, Franz (Hg.): Frieden mit dem Kapital? Wider die Anpassung der evangelischen Kirche an die Macht der Wirtschaft. Beiträge zur Kritik der Unternehmerdenkschrift der EKD, 2008.

Enderle, Georges: Wirtschaftsethik im Werden. Ansätze und Problembereich der Wirtschaftsethik, 1988.

Eschmann, Th[omas]: Studies on the Notion of Society in St. Thomas Aquinas, in: Medieval Studies 8, 1946, 1–42.

Europäische Kommission: Eine neue EU-Strategie (2011–14) für die soziale Verantwortung der Unternehmen (CSR), 2011 (http://eur-lex.europa.eu/LexUriServ/LexUriServ.do?uri=COM:2011:0681:FIN:DE:PDF, letzter Zugriff: 28.12.2014).

[Kirchenamt der] Evangelische[n] Kirche in Deutschland [(Hg.)]: Gemeinwohl und Eigennutz. Wirtschaftliches Handeln in Verantwortung für die Zukunft. Eine Denkschrift der Evangelischen Kirche in Deutschland, 1991.

- Gerechte Teilhabe. Befähigung zu Eigenverantwortung und Solidarität. Eine Denkschrift des Rates der Evangelischen Kirche in Deutschland zur Armut in Deutschland, [2]2006.
- Unternehmerisches Handeln in evangelischer Perspektive. Eine Denkschrift des Rates der Evangelischen Kirche in Deutschland, 2008.
- Wie ein Riss in einer hohen Mauer. Wort des Rates der Evangelischen Kirche in Deutschland zur globalen Finanzmarkt- und Wirtschaftskrise, 2009.
- Evangelische Verantwortungseliten. Eine Orientierung, 2011.
[Kirchenamt der] Evangelische[n] Kirche in Deutschland/Sekretariat der Deutschen Bischofskonferenz (Hg.): Für eine Zukunft in Solidarität und Gerechtigkeit. Wort des Rates der Evangelischen Kirche in Deutschland und der Deutschen Bischofskonferenz, 1997.
- Gemeinsame Verantwortung für eine gerechte Gesellschaft. Initiative des Rates der Evangelischen Kirche in Deutschland und der Deutschen Bischofskonferenz für eine erneuerte Wirtschafts- und Sozialordnung, 2014.
Fetzer, Joachim: Die Verantwortung der Unternehmung. Eine wirtschaftsethische Rekonstruktion, 2004.
Fischer, Johannes: Grundkurs Ethik. Grundbegriffe philosophischer und theologischer Ethik, 2007.
Forster, Matthias: Die strafrechtliche Verantwortlichkeit des Unternehmens nach Art. 102 StGB, 2006.
Franck, Egon: Ist es an der Zeit, die Aktionärsrechte zu stärken?, in: Die Unternehmung 65, 2011, 201–214.
Freeman, R. Edward: Strategic Management. A Stakeholder Approach, 1984.
- The Stakeholder Approach Revisited, in: Zeitschrift für Wirtschafts- und Unternehmensethik 5, 2004, 228–241.
- Managing for Stakeholders, in: Arnold, Denis G./Beauchamp, Tom L./Bowie, Norman E. (Hg.), Ethical Theory and Business, [9]2013, 57–68.
Freeman, R. Edward/Harrison, Jeffrey S./ Wicks, Andrew C.: Managing for Stakeholders. Survival, Reputation, and Success, 2007.
French, Peter A., The Corporation as a Moral Person, in: American Philosophical Quarterly 16, 1979, 207–215.
- Collective *and* Corporate Responsibility, 1984.
- Corporate Ethics, 1995.
- Integrity, Intentions, and Corporations, in: American Business and Law Journal 34, 1996, 141–155.
Friedman, Milton: The Responsibility of Business Is to Increase Its Profits, in: Beauchamp, Tom L./Bowie, Norman E. (Hg.), Ethical Theory and Business, [8]2009, 50–55.
Geser, Hans: Organisationen als soziale Akteure, in: Zeitschrift für Soziologie 19, 1990, 401–417.
Goldschmidt, Nils/Homann, Karl: Die gesellschaftliche Verantwortung der Unternehmen. Theoretische Grundlagen für eine praxistaugliche Konzeption, hg. vom Roman Herzog Institut e. V., 2011.

Goodpaster, Kenneth: Business Ethics and Stakeholder Analysis, in: Donaldson, Thomas/ Werhane, Patricia H./Cording, Margaret (Hg.), Ethical Issues in Business. A Philosophical Approach, [7]2002, 49–60.

Grabner-Kräuter, Sonja: US-Amerikanische Business Ethics-Forschung – the Story so far, in: Beschorner, Thomas/Hollstein, Bettina/König, Matthias/Lee-Peuker, Mi-Yong/ Schumann, Olaf J. (Hg.), Wirtschafts- und Unternehmensethik. Rückblick – Ausblick – Perspektiven, 2005, 141–179.

Grosse, Christopher G.: Wirtschaft in der Verantwortung. Management und Kommunikation im Spannungsfeld zwischen Ethik und Ökonomik, 2011.

Grotefeld, Stefan: Religiöse Überzeugungen im liberalen Staat. Protestantische Ethik und die Anforderungen öffentlicher Vernunft, 2006.

Habisch, André: Corporate Citizenship: Gesellschaftliches Engagement von Unternehmen in Deutschland, 2003.

Härle, Wilfried: Ethik, 2011.

Hansmann, Henry: The Ownership of Enterprise, 2000.

Hare, Richard M.: Ethical Theory and Utilitarianism, in: Sen, Amartya/Williams, Bernard (Hg.), Utilitarianism and Beyond, 1982, 23–38.

Hart, Herbert L. A.: Negligence, *Mens Rea*, and Criminal Responsibility, in: ders., Punishment and Responsibility. Essays in the Philosophy of Law, [2]2008, 136–157.

– Postscript: Responsibilty and Retribution, in: ders., Punishment and Responsibility. Essays in the Philosophy of Law, [2]2008, 210–237.

Heath, Joseph: Market Failure or Government Failure? A Response to Jaworski, in: Business Ethics Journal Review 1, 2013, 50–56.

– Morality, Competition, and the Firm. The Market Failures Approach to Business Ethics, 2014.

Herman, Stewart W.: The Potential for Building Covenants in Business Corporations, in: Stackhouse, Max L./ McCann, Dennis P./Roels, ShirleyJ./Williams, Preston N. (Hg.), On Moral Business. Classical and Contemporary Resources for Ethics in Economic Life, 1995, 514–520.

– The Modern Business Corporation and an Ethics of Trust, in: Journal of Religious Ethics 20, 1992, 111–148.

– Luther, Law, and Social Covenants. Cooperative Self-Obligation in the Reconstruction of Lutheran Social Ethics, in: Journal of Religious Ethics 25, 1997, 257–275.

– Durable Goods. A Covenantal Ethic for Management and Employees, 1998.

Herms, Eilert: Der religiöse Sinn der Moral. Unzeitgemässe Betrachtungen zu den Grundlagen einer Ethik der Unternehmensführung, in: ders., Gesellschaft gestalten. Beiträge zur evangelischen Sozialethik, 1991, 216–251.

Herms, Eilert: Die Wirtschaft des Menschen. Beiträge zur Wirtschaftsethik, 2004.

Höffe, Otfried, Moral als Preis der Moderne. Ein Versuch über Wissenschaft, Technik und Umwelt, [2]1993.

Homann, Karl: Vorteile und Anreize. Zur Grundlegung einer Ethik der Zukunft, 2002.

– Gesellschaftliche Verantwortung der Unternehmen. Philosophische, gesellschaftstheoretische und ökonomische Überlegungen, 2004.

– Wirtschaftsethik: Versuch einer Bilanz und Forschungsaufgaben, in: Beschorner, Thomas/Hollstein, Bettina/König, Matthias/Lee-Peuker, Mi-Yong/Schumann, Olaf J. (Hg.), Wirtschafts- und Unternehmensethik. Rückblick – Ausblick – Perspektiven, 2005, 197–211.

– Gesellschaftliche Verantwortung von Unternehmen in der globalisierten Welt: Handlungsverantwortung – Ordnungsverantwortung – Diskursverantwortung, hg. vom Wittenberg-Zentrum für Globale Ethik e. V., Diskussionspapier 2006–1, [2006].

Homann, Karl/Blome-Drees, Franz: Wirtschafts- und Unternehmensethik, 1992.

Homann, Karl/Lütge, Christoph: Einführung in die Wirtschaftsethik, 3., überarbeitete Aufl. 2013.

Homann, Karl/Suchanek, Andreas: Ökonomik. Eine Einführung, 2000.

Honecker, Martin: Individuelle Schuld und kollektive Verantwortung. Können Kollektive sündigen?, in: ders., Evangelische Christenheit in Politik, Gesellschaft und Staat. Orientierungsversuche, 1998, 127–148.

Huber, Wolfgang: Sozialethik als Verantwortungsethik, in: ders., Konflikt und Konsens. Studien zur Ethik der Verantwortung, 1990, 135–157.

Hübner, Jörg: «Macht euch Freunde mit dem ungerechten Mammon!». Grundsatzüberlegungen zu einer Ethik der Finanzmärkte, 2009.

Huxel, Kirsten: Zurechnung, II. Ethisch, in: RGG, Bd. 8, [4]2005, 1923f.

– Zurechnungsfähigkeit, in: RGG, Bd. 8, [4]2005, 1924.

Jahrbuch Sozialer Protestantismus, Bd. 4: Zauberformel Soziale Marktwirtschaft?, hg. von Bedford-Strohm, Heinrich, Jähnichen, Traugott, Reuter, Hans-Richard, Reihs, Sigrid und Wegner, Gerhard im Auftrag der Stiftung Sozialer Protestantismus, des Bundesvorstandes des Kirchlichen Dienstes in der Arbeitswelt und des Sozialwissenschaftlichen Instituts der EKD, 2010.

Jähnichen, Traugott: Wirtschaftsethik. Konstellationen – Verantwortungsebenen – Handlungsfelder, 2008.

Jean-Richard-dit-Bressel, Marc: Das Desorganisationsdelikt. Artikel 102 Absatz 2 des Schweizerischen Strafgesetzbuches im internationalen Kontext. Beleuchtet de lege lata und als Ausgangspunkt für ein zweckmässiges Unternehmensstrafrecht de lege ferenda, 2013.

Jensen, Michael C./Meckling, William H.: Theory of the Firm: Managerial Behavior, Agency Costs, and Ownership Structure, in: Jensen, Michael C., A Theory of the Firm. Governance, Residual Claims, and Organizational Forms, [2]2003, 83–135.

Jonas, Hans: Das Prinzip Verantwortung. Versuch einer Ethik für die technologische Zivilisation, 1984.

Jones, Thomas M./Wicks, Andrew C./Freeman, R. Edward: Stakeholder Theory: The State of the Art, in: Bowie, Norman E. (Hg.), The Blackwell Guide to Business Ethics, 2002, 19–37.

Jones, Thomas M./Felps, Will: Shareholder Wealth Maximization and Social Welfare: A Utilitarian Critique, in: Business Ethics Quarterly 23, 2013, 207–238.

– Stakeholder Happiness Enhancement: A Neo-Utilitarian Objective for the Modern Corporation, in: Business Ethics Quarterly 23, 2013, 349–379.

Kaminsky, Joel S.: Corporate Responsibility in the Hebrew Bible, 1995.

Kant, Immanuel: Grundlegung zur Metaphysik der Sitten, in: ders., Werke in zehn Bänden, hg. von Weischedel, Wilhelm, Bd. 6: Schriften zur Ethik und Religionsphilosophie, Erster Teil, Sonderausgabe, [5]1983, 11–102.

– Metaphysik der Sitten, in: ders., Werke in 10 Bden., hg. von Weischedel, Wilhelm, Bd. 7: Schriften zur Ethik und Religionsphilosophie, Zweiter Teil, Sonderausgabe, [5]1983, 303–634.

Kantorowicz, Ernst H.: Die zwei Körper des Königs. Eine Studie zur politischen Theologie des Mittelalters, [2]1994.

Karnani, Aneel: The Case Against Corporate Social Responsibility, in: Crane, Andrew/Matten, Dirk/Spence, Laura J. (Hg.), Corporate Social Responsibility. Readings and Cases in a Global Context, [2]2014, 61–65.

Katechismus der katholischen Kirche,1993.

Klink, Daniel: Der ehrbare Kaufmann – Das ursprüngliche Leitbild der Betriebswirtschaftslehre und individuelle Grundlage für die CSR-Forschung, in: Zeitschrift für Betriebswirtschaftslehre 78, 2008, 57–79.

KPMG International: The KPMG Survey of Corporate Responsibility Reporting 2013, 2013.

Kraakman, Reinier u. a.: The Anatomy of Corporate Law. A Comparative and Functional Approach, [2]2009.

Kress, Hartmut: Verantwortung, in: Evangelisches Soziallexikon. Neuausgabe, 2001, 1659–1664.

Krueger, David A.: The Business Corporation and Productive Justice, 1997.

Lange, Dietz: Ethik in evangelischer Perspektive. Grundfragen christlicher Lebenspraxis, 1992.

Lewis, Hywel D.: Collective Responsibility, in: May, Larry/Hoffman, Stacey (Hg.), Collective Responsibility. Five Decades of Debate in Theoretical und Applied Ethics, 1991, 17–33.

List, Christian/Pettit, Philip: Group Agency. The Possibility, Design, and Status of Corporate Agents, 2011.

Løgstrup, Knut E.: Die ethische Forderung, 1959.

– Verantwortung, in: RGG, Bd. 6, [3]1962, 1254–1256.

Lund-Thomsen, Peter/Lindgren, Adam: Corporate Social Responsibility in Global Value Chains: Where Are We Now and Where Are We Going?, in: Journal of Business Ethics 123, 2014, 11–22.

Maitland, Ian: The Great Non-Debate over International Sweatshops, in: Arnold, Denis G./Beauchamp, Tom L./Bowie, Norman E. (Hg.), Ethical Theory and Business, [9]2013, 553–562.

Mankiv, N. Gregory/Taylor, Mark P.: Grundzüge der Volkswirtschaftslehre, 4. überarbeitete und erweiterte Aufl. 2008.

Manzeschke, Arne (Hg.): Sei ökonomisch! Prägende Menschenbilder zwischen Modellbildung und Wirkmächtigkeit, 2010.

Marcoux, Alexei M.: A Fiduciary Argument Against Stakeholder Theory, in: Business Ethics Quarterly 13, 2003, 1–24.

Maring, Matthias: Kollektive und korporative Verantwortung. Begriffs- und Fallstudien aus Wirtschaft, Technik und Alltag, 2001.

Mathiesen, Kay: Wir sitzen alle in einem Boot. Die Verantwortung kollektiver Akteure und ihrer Mitglieder, in: Schmid, Hans Bernhard/Schweikard, David P. (Hg.): Kollektive Verantwortung. Eine Debatte über die Grundlagen des Sozialen, 2009, 738–764.

McCoy, Charles S.: Management of Values: The Ethical Difference in Corporate Policy and Performance, 1985.

– Ethik für Organisationen, in: Marhold, Wolfgang/Schibilsky, Michael (Hg.), Ethik, Wirtschaft, Kirche. Verantwortung in der Industriegesellschaft, unter Mitarbeit von Werner Schiewek, 1991, 161–173.

Meckenstock, Günter, Wirtschaftsethik, 1997.

Meireis, Torsten: Tätigkeit und Erfüllung. Protestantische Ethik im Umbruch der Arbeitsgesellschaft, 2008.

Micklethwait, John/Wooldridge, Adrian: The Company. A Short History of a Revolutionary Idea, 2005.

Mitchell, Ronald K./Agle, Bradley R./Wood, Donna J.: Toward a Theory of Stakeholder Identification and Salience: Defining the Principle of Who and What Really Counts, in: The Academy of Management Review 22, 1997, 853–886.

Neuhäuser, Christian: Unternehmen als moralische Akteure, 2011.

Nida-Rümelin, Julian: Verantwortung, 2011.

Niebuhr, Reinhold: Moral Man and Immoral Society. A Study in Ethics and Politics. With a New Foreword by Cornel West. Introduction by Langdon B. Gilkey, [2]2013.

Niebuhr, H. Richard: The Responsible Self. An Essay in Christian Moral Philosophy. Introduction by James M. Gustafson. Foreword by William Schweiker, 1999.

Norman, Wayne: The Financial Theory of the Firm, in: Boatright, John R. (Hg.), Finance Ethics. Critical Issues in Theory and Practice, 2010, 143–159.

Novak, Michael: Toward a Theology of the Corporation, 1981.

O'Brien, Thomas/Paeth, Nicholas (Hg.): Religious Perspectives on Business Ethics. An Anthology, 2007.

Oermann, Nils Ole: Anständig Geld verdienen? Protestantische Wirtschaftsethik unter den Bedingungen globaler Märkte, 2007.

Okonkwo, Bartholomew (Hg.): Christian Ethics and Corporate Culture. A Critical View on Corporate Responsibilities, 2014.

Osterloh, Margit/Frey, Bruno S.: Corporate Governance for Knowledge Production: Theoretical Foundations and Practical Implications, in: Corporate Ownership & Control 3, 2006, 163–172.

Palazzo, Bettina: Interkulturelle Unternehmensethik. Deutsche und amerikanische Modelle im Vergleich, 2000.

Peters, Albrecht/Marquard, Odo/Schreckenberger, Waldemar: Imputation (Zurechnung), in: HWP, Bd. 4, 1976, 274–277.

Pettit, Philip: Responsibility Incorporated, in: Ethics 117, 2007, 171–201.

Phillips, Robert: Stakeholder Theory and A Principle of Fairness, in: Business Ethics Quarterly 7, 1997, 51–66.

– Stakeholder Theory and Organizational Ethics, 2003.

Picht, Georg: Der Begriff der Verantwortung, in: ders., Wahrheit, Vernunft, Verantwortung. Philosophische Studien, 1969, 318–342.

Plüss, Franziska: Der Patron verschwindet – die Verantwortung auch?, in: Schweizerische Zeitschrift für Strafrecht 127, 2009, 206–224.

Porter, Michael E./Kramer, Mark R.: Creating Shared Value, in: Harvard Business Review, Jan-Feb 2011, 63–77.

Post, James E./Preston, Lee E./Sachs, Sybille: Redefining the Corporation. Stakeholder Management and Organizational Wealth, 2002.

Powell, Benjamin: Out of Poverty. Sweatshops in the Global Economy, 2014.

Powell, Benjamin/Zwolinski, Matt: The Ethical and Economic Case Against Sweatshop Labor: A Critical Assessment, Journal of Business Ethics 107, 2012, 449–472.

Quante, Michael: Einführung in die Allgemeine Ethik, 2003.

Rehm, Johannes/Ulrich, Hans G. (Hg.): Menschenrecht auf Arbeit? Sozialethische Perspektiven, 2009.

Rappaport, Alfred: Creating Shareholder Value. A Guide for Managers and Investors, revised and updated, 1998.

Reich, Robert: Superkapitalismus. Wie die Wirtschaft unsere Demokratie untergräbt, 2008.

Reuter, Hans-Richard: Die Religion der sozialen Marktwirtschaft. Zur ordoliberalen Weltanschauung bei Walter Eucken und Alexander Rüstow, in: Jahrbuch Sozialer Protestantismus, Bd. 4: Zauberformel Soziale Marktwirtschaft, 2010, 46–76.

Rich, Arthur: Sachzwänge und strukturell Böses in der Wirtschaft. Analysen und Konsequenzen aus der Sicht der christlichen Sozialethik, in: ZEE 26, 1982, 62–82.

–   Wirtschaftsethik, Bd. 1: Grundlagen in theologischer Perspektive, 3. durchgesehene Aufl. 1987, Bd. 2: Marktwirtschaft, Planwirtschaft, Weltwirtschaft aus sozialethischer Sicht, 1990.

Sachs, Sybille/Rühli, Edwin: Stakeholders Matter. A New Paradigm for Strategy in Society, 2011.

Schefczyk, Michael: Verantwortung für historisches Unrecht. Eine philosophische Untersuchung, 2012.

Scherer, Andreas G.: Multinationale Unternehmen und Globalisierung. Zur Neuorientierung der Theorie der Multinationalen Unternehmung, 2003.

–   Die multinationale Unternehmung als politischer Akteur in der globalisierten Welt, in: Schuman, Olaf J./Brink, Alexander/Beschorner, Thomas (Hg.), Unternehmensethik. Forschungsperspektiven zur Verhältnisbestimmung von Unternehmen und Gesellschaft, 2010, 149–163.

Scherer, Andreas G./Palazzo, Guido: Toward a Political Conception of Corporate Social Responsibility. Business and Society seen from a Habermasian Perspective, Academy of Management Review 32, 2007, 1096–1120.

–   Globalization and Corporate Social Responsibility, in: Crane, Andrew/McWilliams, Abagail/Matten, Dirk/Moon, Jeremy/Siegel, Donald S. (Hg.), Corporate Social Responsibility, 2008, 413–431.

Schmid, Hans Bernhard/Schweikard, David P. (Hg.): Kollektive Verantwortung. Eine Debatte über die Grundlagen des Sozialen, 2009.

Schmid, Konrad: Kollektivschuld? Der Gedanke übergreifender Schuldzusammenhänge im Alten Testament und im Alten Orient, in: ZAR 5, 1999, 193–222.

Schwab, Klaus: Global Corporate Citizenship. Working With Governments and Civil Society, in: Foreign Affairs, January/February, 2008.

Schwartz, Mark S./Carroll, Archie B.: Corporate Social Responsibility: A Three-Domain Approach, in: Crane, Andrew/Matten, Dirk/Spence, Laura J. (Hg.): Corporate Social Responsibility. Readings and Cases in a Global Context, ^{2}2014, 104–132.

Schweiker, William: Responsibility and Christian Ethics, 1999.

Schweizerischer Evangelischer Kirchenbund (Hg.): Gerechtes Haushalten und faires Spiel. Studie zu den jüngsten Finanz- und Wirtschaftskrisen aus evangelischer Sicht, 2010.

SECO: CSR-Konzept des SECO, 11.12.2009 (http://www.seco.admin.ch/themen/ 00645/ 04008/; letzter Zugriff: 28.12.2014).

Smith, Adam: Untersuchung über Wesen und Ursachen des Reichtums der Völker, hg. und eingeleitet von Erich W. Straessler, 2005.

SNV Schweizerische Normen-Vereinigung: ISO 26000. Leitfaden zur gesellschaftlichen Verantwortung, 2011.

Stackhouse, Max L./McCann, Dennis P.: A Postcommunist Manifesto: Public Theology after the Collapse of Socialism, in: Stackhouse, Max L./McCann, Dennis P./Roels, Shirley J./Williams, Preston N. (Hg.), On Moral Business. Classical and Contemporary Resources for Ethics in Economic Life, 1995, 949–954.

Stackhouse, Max L./McCann, Dennis P./Roels, Shirley J./Williams, Preston N. (Hg.): On Moral Business. Classical and Contemporary Resources for Ethics in Economic Life, 1995.

Stout, Lynn: The Mythical Benefits of Shareholder Control, in: Virginia Law Review 93, 2007, 789–809.

– The Shareholder Value Myth, How Putting Shareholders First Harms Investors, Corporations, and the Public, 2012.

Sturm, Douglas: Corporations, Constitutions, and Covenants: On Forms of Human Relations and the Problem of Legitimacy, in: JAAR 41, 1973, 331–35.

The Economist: Just Good Business. A Special Report on Corporate Social Responsibility, 19.1.2008.

Ulrich, Peter: Integrative Wirtschaftsethik. Grundlagen einer lebensdienlichen Ökonomie, 4., vollständig neu bearb. Aufl., 2008.

United Nations: Guiding Principles on Business and Human Rights. Implementing the United Nations «Protect, Respect and Remedy» Framework, 2011.

– The Responsibility to Respect Human Rights. An Interpretive Guide, 2012.

Velasquez, Manuel, Why Corporations Are Not Morally Responsible for Anything They Do, in: May, Larry/Hoffman, Stacey (Hg.), Collective Responsibility. Five Decades of Debate in Theoretical and Applied Ethics, 1991, 111–131.

– Debunking Corporate Moral Responsibility, in: Business Ethics Quarterly 13, 2003, 531–562.

Weber, Max: Politik als Beruf, in: ders., Gesammelte Politische Schriften, hg. von Winckelmann, Johannes, ^{5}1988, 505–560.

- Wirtschaft und Gesellschaft. Grundriss der verstehenden Soziologie, 5., rev. Aufl., besorgt von Winckelmann, Johannes, Studienausgabe, 1980.

Werhane, Patricia H.: Persons, Rights, and Corporations, 1985.

- Corporate Social Responsibility/Corporate Moral Responsibility. Is There a Difference and the Difference It Makes, in: Steven K. May/George Cheney/Juliet Roper (Hg.), The Debate Over Corporate Social Responsibility, 2007, 459–474.

Werner, Micha H., Verantwortung, in: Marcus Düwell/Christoph Hübenthal/Micha H. Werner (Hg.), Handbuch Ethik, 3., aktualisierte Aufl., 2011, 541–548.

Wettstein, Florian: Multinational Corporations and Global Justice. Human Rights Obligations of a Quasi-Governmental Institution, 2009.

Wieland, Josef: Die Ethik der Goverance, [5]2007.

Wildfeuer, Armin G.: Freiheit, in: Düwell, Marcus/Hübenthal, Christoph/Werner, Micha H. (Hg.), Handbuch Ethik, 3. Aktualisierte Aufl., 2011, 358–366.

Wirz, Stephan: Erfolg und Moral in der Unternehmensführung. Eine ethische Orientierungshilfe im Umgang mit Managementtrends, 2007.

Wirz, Stephan/Hildmann, Philipp W. (Hg.): Soziale Marktwirtschaft: Zukunfts- oder Auslaufmodell? Ein ökonomischer, soziologischer, politischer und ethischer Diskurs, 2010.

Wöhe, Günter/Döring, Ulrich: Einführung in die Allgemeine Betriebswirtschaftslehre, 25., überarbeitete und aktualisierte Aufl., München, 2013.

Zwolinski, Matt: Sweatshops, Choice, and Exploitation, in: Business Ethics Quarterly 17, 2007, 689–727.

Theologische Studien

Bereits erschienene Bände

In den 2010 wieder aufgenommenen Theologischen Studien stellen renommierte Theologen und Theologinnen aktuelle öffentlichkeits- und gesellschaftsrelevante Themen profiliert dar. Ziel ist es, einer theologisch interessierten Leserschaft auf anspruchsvollem und zugleich verständlichem Niveau den Beitrag aktueller Fachwissenschaft zur theologischen Gegenwartsdeutung vor Augen zu führen.

1 Ulrich H. J. Körtner
Reformatorische Theologie
im 21. Jahrhundert
ISBN 978-3-290-17800-0

2 Friedrich Schweitzer
Menschenwürde und Bildung
Religiöse Voraussetzungen
der Pädagogik in
evangelischer Perspektive
ISBN 978-3-290-17801-7

3 Benjamin Schliesser
Was ist Glaube?
Paulinische Perspektiven
ISBN 978-3-290-17803-1

5 Thomas Schlag
Öffentliche Kirche
Grunddimensionen einer
praktisch-theologischen
Kirchentheorie
ISBN 978-3-290-17804-8

6 Christine Gerber
Paulus, Apostolat und
Autorität oder Vom Lesen
fremder Briefe
ISBN 978-3-290-17805-5

7 Konrad Schmid
Gibt es Theologie
im Alten Testament?
Zum Theologiebegriff
in der alttestamentlichen
Wissenschaft
ISBN 978-3-290-17806-2

8 Thomas Schlag
Aufmerksam predigen
Eine homiletische
Grundperspektive
ISBN 978-3-290-17808-6

9 Anne Käfer
Glauben bekennen,
Glauben verstehen
Eine systematisch-
theologische Studie
zum Apostolikum
ISBN 978-3-290-17809-3

Einzelheft:
CHF 22.00 - EUR 16.90 - EUA 17.40

Fortsetzungspreis:
CHF 20.00 - EUR 15.40 - EUA 15.90

T V Z
TVZ Theologischer Verlag Zürich
Badenerstr. 73
CH-8004 Zürich
tvz@ref.ch / www.tvz-verlag.ch

www.tvz-verlag.ch